75 WAYS TO BE A BETTER TEACHER TOMORROW

让教师变得更好的75个方法

With Less Stress and Quick Success

用更少的压力获得更快的成功

[美] 安奈特 · 布鲁肖 Annette Breaux　托德 · 威特克尔 Todd Whitaker 著

中国青年出版社
CHINA YOUTH PRESS

图书在版编目（CIP）数据

让教师变得更好的75个方法：用更少的压力获得更快的成功 /（美）安奈特·布鲁肖，（美）托德·威特克尔著；刘白玉，刘夏青译. —北京：中国青年出版社，2022.9

书名原文：75 Ways to Be a Better Teacher Tomorrow: With Less Stress and Quick Success

ISBN 978-7-5153-6583-1

Ⅰ. ①让… Ⅱ. ①安… ②托… ③刘… ④刘… Ⅲ. ①教学法 Ⅳ. ①G424.1

中国版本图书馆CIP数据核字（2022）第102184号

让教师变得更好的75个方法：用更少的压力获得更快的成功

作　　者：（美）安奈特·布鲁肖　托德·威特克尔
译　　者：刘白玉　刘夏青
责任编辑：肖妩嫔
文字编辑：周楠楠
美术编辑：杜雨萃
出　　版：中国青年出版社
发　　行：北京中青文文化传媒有限公司
电　　话：010-65511272 / 65516873
公司网址：www.cyb.com.cn
购书网址：zqwts.tmall.com
印　　刷：大厂回族自治县益利印刷有限公司
版　　次：2022年9月第1版
印　　次：2022年9月第1次印刷
开　　本：787×1092　1/16
字　　数：91千字
印　　张：12
京权图字：01-2018-9150
书　　号：ISBN 978-7-5153-6583-1
定　　价：49.00元

75 Ways

to Be a Better Teacher Tomorrow :
With Less Stress and Quick Success

目 录

contents

前　言

优秀教师都有一个共同的特点：他们将简单的事情做得超级好，并且每天都是如此，将简单、不复杂的事情做到极致。他们不是完美主义者，但是他们每天都努力做得比昨天好一点。一方面，他们清楚地知道，教师的工作十分艰巨，他们压力大、耗时多，有时甚至让人感到精疲力竭。但是，另一方面，他们也清醒地意识到，他们每天都能做很多事情帮助学生。他们接受现实，拥抱现实，并且承认他们能够影响学生的生活。对于无法控制的事情，他们不抱怨，并且会做一些看似简单的事情，让自己保持领先地位。

我们写这部书的目的是，分享一些经过优秀教师在实践中证明的、可靠而又简单的方法。请注意，这些方法及活动都不难，并且大多数都能应用到课堂教学中。它们不需要花时间研究，也不需要模拟练习。我们设计的这些方法就是让你在较少的时间内完成较多的事情，帮助你成为优秀的教师。你可以马上使用这些方法，得到立竿见影的效果，同时又感到乐趣无穷！

如何使用这部书

此书可供以下四类教育者阅读学习。

1. 教师 如果你目前正在寻求提升教学技能、提高学生成绩、改善学生行为的方法，那么，此书正适合你。你可以选择那些你认为最相关、最适合你和你的课堂的方法使用。当你与其他专业人士交流学习时，也可以选择使用此书：讨论具体的方法，然后在课堂上使用，最后再回到讨论小组，告诉他们你是如何使用此方法的以及学生们的反应如何。

2. 新教师导师 导师可以分享本书中的某个观点或者所有的观点，帮助新教师平稳过渡到教师这个职业。不要让他们感到压力太大，而是帮助他们快速体验到成功的滋味。选择你要与他们分享的方法，并确定何时与他们分享。这个需要根据每个教师的不同情况决定，但是所有的新教师都会通过阅读本书和使用本书的方法而受益。

3. 教育管理者 此书非常适合在教师研讨会上使用。选取一个方法，进行小组讨论，然后让每位教师都回到课堂使用此方法。也可以让某种类型的教师在研讨会上使用某种类型的方法，目的就是让教师提出建议，以便在某些领域上提高教学水平。

4. 教师发展专家 当对教师进行培训时，可以选取任何一个方法作为培训内容，也可以同时选取几个方法。本书共有75个方法供你选择，无论你选择哪个，都会帮助你提高教学水平，提升学生学习能力以及改善学生的行为。

本书能为你做的五件事情

1. 改善你的课堂效果。
2. 提高你的课堂效率。
3. 让教学充满乐趣。
4. 就优秀教师和非优秀教师的区别提供独到的见解。
5. 帮助你成为学生喜爱的、愿意跟你学习的教师。

本书不能为你做的五件事情

1. 让你感到信息量太大。

2. 消耗掉你的宝贵时间。

3. 让你成为一个完美的教师，或者让你的学生成为完美的学生。但是，本书会让你成为更好的教师，拥有行为习惯更好、学习成绩更好的学生。虽然即使你使用了本书所有的方法，也不会成为一位完美的教师，但只要你使用了其中一个方法，你也会成为一位更好的教师。

4. 促进教育项目、教育潮流及教育趋势的发展。相反，这些方法与教育项目、教育潮流及教育趋势一起使用，效果会更好。

5. 增加你的工作负荷（如果一定要说点什么，那么，这些方法反而会减少你的工作负荷，因为这些方法能帮助你提高工作效率，获得更好的效果）。

温馨提示

放轻松，不要试图马上使用这75种方法。如果你使用其中一种方法，就会成为一名更好的教师；如果你使用两种方法，就会变得更好；如果你最终能够使用全部的75种方法，就会好得不得了！像所有优秀教师那样，循序渐进、持之以恒，就能取得最佳效果。尽全力，然后好好休息一下。学习就像洗衣服，打上肥皂，用清水冲洗，反复冲洗，直到干净为止。

好好享受学习的乐趣吧！

方法 1：
积极地谈论学生

做什么

与你的同事打个赌：谁先消极地谈论学生，或者消极地讲与学生有关的事情（或任何与教育有关的事情），谁就请客吃饭（如果你们两人连续三周都没有讲任何消极的话，或者做任何消极的事，那么，让校长请**你们两人**吃饭）。

如何做，为什么这么做

选一名志愿者教师，跟他打赌，但是不要随意选一位教师。因为很显然，在这件事上，你不想与学校最有正能量的教师配对。如果是这样，你就注定要付账单。如果你与学校最有负能量的教师配对，你就很容易赢，对吧？所以，最好不要找这样的教师。也许，有的教师坚持不了两天就会说消极的话或者做消极的事，但在这两天期间，这位老师就是一位好教师。对这位教师和他的学生来讲，这就是额外的礼物。对你来讲，你得到的额外礼物就是这两天你没有讲消极的话或者做消极的事，并且如果坚持的时间多于两天，你还能吃免费餐。当然，你也可以挑战一下自己，选一名位于最有正能量和最有负能量之间的教师，这取决于你自己。最重要的是，你在做一件有益的事。因为大家都知道，正能量的教师在本质上就比负能量的教师优秀，每个学校都有这两种类型的教师。

请注意，这个小“游戏”不会花费你太多的时间，不需要额外学习/研究，更不需要练习。成为正能量的教师和成为负能量的教师所花费的时间是一样的，但是负能量的思考会产生负面影响。负能量会让我们消沉，情绪消极，教学质量下降，教师要经受住这种消极的诱惑，学生想要并且也该有积极向上的教师作为榜样。每次面对学生，你都要更友好一点，更乐观一点，那么你的效率就会更高。正如温斯顿·丘吉尔所言：“没有人因为没有说出恶言而伤害了自己的胃。”

应该没有什么事情会让你停止与更多的教师打这个赌吧？毕竟如果你做到了，就会吃很多免费餐。从每次一位教师做起，你可能会慢慢改变你所在学校的文化。

方法 2：问自己关于教学的五个问题

做什么

今天，你要做一个包括五个简单问题的快速自我测试，记住一定要独立完成，并且不要与其他人分享你的结果。你今天对这五个问题的诚实回答，会改变你明天的教学方式。

如何做，为什么这么做

以下这五个问题，即使优秀教师，也需要付出很多努力才能回答“是的”。

1. 学生知道我关心他们每一个人吗？（怀疑这个问题的学生几乎总是在课堂上制造麻烦）

2. 学生们认为我站在他们一边吗？（站在“他们一边”并不意味着在学生做错事时你也会认可他们。它意味着你关心他们，你支持他们，你真正希望他们做得最好。学生需要知道这个道理，但是我们常常忽视了，没有去说服他们。）

3. 我的学生认为我热爱教学吗？

4. 我的学生认为他们会在我的课堂上成功吗？（那些认为不会成功的学生会放弃学习，而放弃学习一定会导致明显的问题出现）

5. 我是否已经尽全力让我的学生在课堂上既主动又有趣地学习？

为了提高你的教学能力，你首先需要意识到这些问题。所以，如果你不确定你的学生是否知道你热爱教学（他们必须知道这个，这样你才能让他们做得更好）。你要告诉学生你热爱教学，并且告诉他们你为什么热爱教学，然后开始行动，用这些行动表明你热爱教学。记住，要循序渐进，在课堂上一次前进一小步。从理论上讲，这不需要任何方法，也不需要练习。你需要做的就是，信守承诺，最终对这五个问题都能回答“是的”。

方法 3：
使每一节课都生动有趣

做什么

以一节你已经计划讲授的课为例，就这节课的内容，你在网上快速做一个趣味活动搜索。找到某个好的想法，将它用于你要讲授的某个不太“有趣”的内容上。

如何做，为什么这么做

譬如说，这节课你要讲代词。当然，我们都知道，代词是代替名词的，讲起来好像不太有趣，对吧？你计划介绍一组代词——我、她、他、我们、他们（主格）、他们（宾格）等。然后你计划布置一下书面作业，让学生确认哪些是代词，并让学生解释这些代词能代替哪些名词，这么做有趣吗？

答案肯定是没趣。请看下面的方法。

你上网搜索了五分钟，找到了一个非常好的方法——简单、容易、有趣。你给学生一组代词清单，让学生写三个关于他们自己和他们喜欢的事情的句子。关键是，他们不能使用清单里的单词——不能使用代词，然后让学生跟全班同学分享自己造的句子。汉克读道："汉克喜欢跟汉克的朋友打篮球。汉克和汉克的朋友几乎每天放学后都到公园玩，汉克和汉克的朋友组成一个队与其他孩子组成的队一起打篮球。"另一个例子是："凯莎喜欢画画。凯莎正在上绘画课，凯莎的老师计划让凯莎下周末参加画展。"

学生们喜欢这种活动，但是他们写的句子很长，有点怪怪的，而且似乎哪里不对劲。这就对啦！代词就是使语言更简洁、更规范。很多人不知道这一点，他们只是知道**如何**使用代词，但从来没有认真思考**为什么**使用代词。

布置一个有趣的家庭作业，让学生回家，跟家里的人讲话，但是不能使用代词。家里人可能会非常吃惊地看着这个孩子，认为这个孩子是不是糊涂了。第二天，要求学生跟全班同学分享，说说他们的家人是如何反应的。学生喜欢这种类型的家庭作业，因为它们充满了乐趣。

当你按照这种方法教学时，学生会在较少的时间内学会较多的知识，并且整个学习过程充满乐趣。你赢了！

方法 4：
向每个学生了解一件他们觉得重要的事情

做什么

你今天的目标很简单：对每个学生都了解一件重要的事情，可以是一件他们喜欢的事情，可以是一件激励他们的事情，也可以是一件他们擅长的事情。但是不要试图了解学生的一切，因为信息量太大，你也不可能做到，一定要专注于一件事情。**注意：**如果你教初中，并且同时教几个班，那么最好是一次进行一个班，这样才易于管理。

如何做，为什么这么做

告诉学生，你很想尽可能多地了解他们。让学生写一两个句子，说明他们喜欢做的事情，或者他们想让你知道的事情（而这件事可能你并不知道），这只花费你几分钟的时间。

收齐这些句子之后，一定要认真阅读每个句子，然后开始利用这些信息建立与学生的友好关系。如果文德尔说他喜欢弹吉他，那么就跟他讨论一下吉他的事情。如果他愿意，甚至可以让他把吉他带到学校，给全班同学弹一曲。重要的是，你对学生喜欢的事情感兴趣，而且这花费不了你额外的时间。文德尔每天都来上课，你可以在他进教室时问他：“今天吉他弹得怎么样呀？”或者问问其他同学：“萨拉，这周末看过什么好电影吗？”“乔，这周跑了多少英里呀？”

要对学生的反应做好充分准备，因为他们不会一直告诉你好消息。一个学生可能会说：“我跟姥姥住在一起，因为妈妈蹲监狱了。”这是一条重要的信息，你要用它与那位学生建立良好的信任关系。

这个简单的、两分钟的活动是如何帮助你在未来成为一名更好的教师的？原因很简单：面对那些关心学生并让学生感到自己很重要的教师，学生常常会表现得更好、学习也更努力。再读一下书中的这个句子，因为这个句子无论怎么强调都不过分：**面对那些关心学生并让学生感到自己很重要的教师，学生常常会表现得更好、学习也更努力。**

方法 5：
改变你的面部表情

做什么

微笑，就这么简单。微笑？是的，就这么简单，微笑！如果做一个调查，大多数老师都承认，在课堂上的大多数时间，自己并没有微笑，他们都表现得非常严肃，有些教师严肃得简直令人发疯。我们并不是说，大多数老师从来都不微笑，而是他们的微笑不够。但是，优秀教师都知道一个秘密：如果你将自己面部的严肃表情改为微笑，而且整天都微笑，那么，你就会迅速得到学生那令人难以置信的积极表现！

如何做，为什么这么做

你一微笑，内啡肽就将流淌过你的大脑；
但是如果你将微笑变成皱眉，那么每个人都会很痛苦。

皱眉会使你变老，也会使你周围的人变老。消极会消耗人的精力，跟消极的人在一起，也会消耗人的精力。相反，与积极向上的人在一起，会令人精神大振。当你微笑时，你的大脑就产生内啡肽，这会让你感到幸福，即使这种微笑是假的。

每天在教室里，都要试着一直保持微笑。当然，如果某个学生不守规矩，你也不应该对他/她微笑。但是，如果你每天都保持微笑，学生发生不守规矩的情况就会减少。那么微笑的坏处是什么呢？答案是没有。微笑的好处是什么？你和你的学生都会更高兴，你的教学效率和学生的学习效率将会更高。

从现在开始，每天都试着微笑，这背后是有科学根据的。微笑不用花钱，也不用花时间，却能令教师提高其教学效率，让学生提高其学习效率。学生喜欢看起来幸福的教师，而当学生喜欢你的时候，他们更有可能向你学习。一旦你看到学生学习成绩提高，就更愿意将微笑变成日常习惯。如果你没有整天微笑的习惯，那么当你微笑时，看看学生是如何反应的，这个也是很有趣的，这是对你的额外奖励。

方法 6：
每天留一句赞美语

做什么

找一个毛绒玩具，让它成为班级的吉祥物，通过这个吉祥物每天向某个学生传递一句赞语。当这个学生到达教室时，这个吉祥物就在这个学生桌子的抽屉里。挂在这个吉祥物身上的，是一张纸条，上面写着对这个学生的一句赞语。

如何做，为什么这么做

给这个毛绒玩具起个名字，告诉学生这个玩具叫“布巴熊”（就是随便举个例子——你可以自己给玩具起个名字，当然也可以用我们起的名字），它每天都在观察每位学生的表现，然后确定晚上睡在哪个学生的桌子抽屉里。你可能在想，这种类型的活动是不是仅适合小学生，那我们就诚实地告诉你，我们是从一个高中老师那里“偷”的这个观点。自从“偷”来以后，我们就在各个年级使用这种方法，结果非常成功。对于高年级的学生，你可以使用学校吉祥物的迷你版。

在今天的课上，就确定哪位学生明天会得到吉祥物的赞语。当你在教室里四处走动，帮助学生解答问题时，对表现好的学生写一句赞语。不要在课后或者放学后做这件事，因为这会给你本来已经繁忙的工作增加负担。如果你想把吉祥物留在卡洛的桌子上，今天就写好一句赞语："我注意到，今天你在课堂上的注意力特别集中。祝贺！"卡洛明天来到学校，发现桌子里有布巴熊，上面有一条这样的赞语，你猜他可能会如何表现？对了！他的注意力更为集中！如果你不相信各年龄段的学生都喜欢收到带有赞语的吉祥物，那么你肯定没有尝试过这种方法。

请注意，毛绒玩具不久就会变得又旧又烂。但这恰恰说明，学生们特别喜欢第二天来到学校时，看到自己桌子的抽屉里有个毛绒玩具（当然，有些学生看到玩具时会故意假装说可笑），至今我们还没有发现一个学生不读附带的赞语。

方法 7：
每一节课都要求学生反馈

做什么

以你今天上的某节课为例，拿出学生反馈的信息——他们喜欢什么，他们不喜欢什么，哪些你实际上能够做得更好。

如何做，为什么这么做

这是一个非常简单的活动，却能够提高你下节课的教学能力。可是，大多数老师承认他们很少做这个活动。我们并不是要求你每节课都做，我们只是希望你试一次，看看效果如何。

上完一节课后，问学生："我怎样做才能使上课的效果更好？"告诉学生，你希望在课上达到什么目标，然后告诉他们你会如何尽力帮助他们更好地实现这个目标。让学生认真思考一下，然后写下他们的建议，当然是以匿名的形式。阅读每一条建议，给所有学生进行反馈，告诉学生哪些建议你会在未来上课时采用，然后在下节课中至少使用其中一条建议来提高你的教学能力。

一位教师最近跟我们说，他使用了这个方法后吃惊地发现，学生的建议非常有用，“学生建议的活动绝对让他们更多地参与其中，绝对生动有趣，绝对鼓舞所有的人，我会继续要求学生提建议。”

要求学生对你的课进行反馈的目的是什么？你能够让学生思考：他们实际上学到了**什么？如何**学到的？你让学生知道，老师很重视他们的想法。你向学生表明，老师对学生的想法是持开放态度的。你向学生传递了这样一个信号：学生对你很重要，他们的成功对你很重要。对你来讲，最大的成功是：通过学生的信息反馈，你提高了你的教学水平。

大多数退休教师在反思自己的教学生涯时会说，毫无疑问，学生一直是他们最伟大的老师。不要等到退休后才使用这个方法，现在就用，这既对**你的教学**有益，也对**学生的学习**有益。

方法 8：
为你的办公桌指定两个用途

做什么

看一下教室里那张被称为“老师桌子”的家具，给它指定如下两个用途：(1) 用于文书工作，当学生不在时，你在这里制订教学计划；(2) 放你的某些用品。

如何做，为什么这么做

以上列出的两个目的是教师需要桌子的理由。我们需要桌子，并不是当学生学习时，我们坐在桌子后面；我们需要桌子，并不是当举行学生会议或者家长会时，我们坐在桌子后面。学生在教室里学习时，桌子后面的椅子，并不是用来休息的。但是如果你确实累了，需要歇歇脚，那么就使用带滑轮的椅子，在学生中间穿行，或者在学生小组之间穿行。在学生讨论时，把椅子推到学生中间，这样，你就始终跟学生“在一起”，而不是跟学生分开。

师生之间的物质障碍会造成师生之间的心理障碍。你见过哪个教练在发表激励演讲时，或者教运动员新技能时，是坐在桌子后面的椅子上的？坐在桌子后面椅子上教学，效率肯定是不高的。在跟学生或家长一起开会时，要坐在学生或者家长的后面。坐在某人的后面表明你是跟他们在一起，你支持他们。坐在你的桌子后面表明你是跟他们分离的，你可能反对他们。

教师会在课前、课后或者在制订教学计划期间，使用办公桌制订计划、给学生打分等。另外，也用教师办公桌放一些东西。

每所学校的校长都会告诉你，走进教室，只要看见教师坐在办公桌后面的椅子上，那么这位教师的做法就是错误的。所以，教师一看见校长进来，一定会立刻站起来，没有人不懂得这个道理。因此，不要将自己处于那样尴尬的境地。积极主动地完全参与学生活动的教师，比经常消极地坐在椅子上的教师完成的教学任务要多很多。另外，在教室里四处走动，也有助于你减肥呢！

方法 9：
每天都亲切地问候你的学生

做什么

每天都问候你的学生，表现出看见他们你特别高兴。如果有必要，则假装高兴。每天都跟你的学生说再见，表现出你等不及明天见到他们。再说一次，如果有必要，假装也可以。

如何做，为什么这么做

有些教师是迎宾员，而有些教师天生则像牧牛人。像牧牛人的教师每天都将学生“赶”进教室，他们并没有显示出太多激情，有时候，他们则显得没有一点激情。所以，学生走进教室没有激情，走出教室也没有激情。

优秀教师知道这样一个秘密：如果你想让你的学生充满激情地学习，作为教师你首先必须充满激情。充满激情的最好的做法就是，当学生进入教室时，一一问候他们。

以下就是你应当做的：当学生进入教室时，你面带微笑地站在门口，跟他们顶一下拳头，举手击掌，或者一边握手，一边说你好。即使有时候你感觉心情不好，也要打起精神，跟他们一一打招呼："你好吗？""很高兴见到你！""感谢来上课。""很高兴你回来上课，今天感到好多了吧？"当学生放学要离开教室时，则站在门口，跟每个学生说"再见"。记住，一定要显得似乎是你等不及明天见到他们。

这个简单的行为可能是教育界游戏规则最大的改变之一。这个行为很简单，不用花费你额外的时间，且完全免费，却能为整个课堂设定一个良好的气氛，从而大大提高学习效果。所以，何乐而不为呢？

当学生们感到你欢迎他们来到教室，你很高兴见到他们时，他们就更愿意来教室，更愿意尽自己最大努力学习。学生愿意为珍重自己的教师更刻苦地学习。

方法 10：帮助学生遵守指令

做什么

从今天开始，当你要求学生做某项活动时，至少以不同的方式发出两次指令（最好是三次）。这在活动前会增加大约三十秒时间，但在活动中会节省宝贵的好几分钟！

如何做，为什么这么做

我们都遇到过这样的事情：我们给学生发出指令，非常清晰的指令，所有学生的眼睛都看着我们，所以我们猜想他们都在听。然后，我们让他们赶快做，结果却发生了三件事情：（1）只有几个学生按照你的要求做；（2）有几个学生开始问身边的同学要做什么；（3）有些学生连问都不问，只是盲目地东张西望，什么都不做。我们怎么办？首先，我们变得茫然。然后，我们表现出我们感到茫然。最后，我们不情愿地重复一下刚才的指令，通常是按照第一次的方式再重复一遍。

从今天开始，当你要求学生做某项活动时，即使不发出三次指令，至少发出两次指令，而且是以不同的方式。这样做既容易，又免费，而且能确保学生清楚自己要干什么。还有一点，这样做会使你头脑清醒，不会感到茫然。

举例说明：譬如，你要学生快速复习一下，你想得到一些反馈，看看学生是否理解了所学的内容。首先，你说："我要提问一些问题，你们用动作回答是或者不是。如果回答是，大拇指朝上；如果回答不是，大拇指朝下。"（一边说一边示范）然后，你说："告诉我，如果回答是，应当怎么办？（学生们回答了）如果回答不是……（学生们也回答了）"最后，你说："这次不用告诉我，而是向我展示。如果回答是，应当怎么办？（学生们展示了）如果回答不是……（学生们也展示了）"

现在，学生都清楚应该怎么做了。请注意，你不是简单地重复指令三次，而是告诉学生怎么做，并向学生展示怎么做。然后，让学生告诉你怎么做，并向你展示怎么做。现在，每个学生都清楚指令了，你的头脑也非常清醒。这简直是小菜一碟，对吧？

方法 11：
不要忘记任何一个学生的生日

做什么

这个简单的行为：庆祝学生的生日，是友好的行为，是认可学生来到这个世界那一天的行为，是吸引学生来上课的行为，不要错过这个简单的机会！

如何做，为什么这么做

在网上搜一下关键词“可以打印的生日日历”。选择其中的一个日历，打印出来，贴在教室的墙上。让每个学生花十秒时间在日历上找到自己的出生日期，写上自己的名字。下一步，在网上找一些免费的生日卡，打印出来。在学生生日那天，将这个特殊的“礼物”送给学生。把它做成一个免费的礼物——“家庭作业”通行证、“坐在教师办公桌旁”通行证等。

最后，好好规划一下，当天过生日的学生早上进入教室时你应该如何做。譬如，今天是约翰的生日。当约翰进入教室时，你已经站在教室门口迎接学生。将一个纸冠放在他头上，或者给他手里送一张贴纸，并祝他生日快乐。当他来到桌子边时，他会发现桌子上有一张生日贺卡，并有一张通行证（如我们建议的那样）。当开始上课时，记得提一下他的生日，并让同学给他唱生日快乐歌。这样做没有问题，即使成年人过生日去饭店吃饭时，也会有身边的人面对整个饭店的人给他/她唱生日快乐歌。

不要忘记给那些生日在周末、假日或者寒暑假的学生庆祝生日。在某个时间，按照你的方式给这些学生庆祝生日，就是不要忘了，人在任何年龄段受到特殊待遇，都会怀有感激之情，高中生的感激之情一点都不比小学一年级的学生少。

那么，给学生庆祝生日会如何让你成为一名更优秀的教师？道理很简单：来自教师的这种友好行为会获得学生的尊重、信任和称赞。在课堂上，如果学生尊重、信任和称赞教师，那么他们就会更加努力学习，从而取得更好的成绩。

方法12：邀请管理者进入你的课堂听课

做什么

去管理者办公室，邀请他/她到你的课堂听课，并说清楚，邀请他们的目的是给你的课提出有益的反馈信息，以便提高你的教学水平。优秀教师经常这样做，你马上就能知道其中的原因了。

如何做，为什么这么做

去校长或者校长助理办公室，说：

这周您能抽出二十分钟时间去我的班级非正式地听听课吗？我学了几个教学方法，一直在努力用它们提高我的教学水平，请您去听听，给我提一些建议，以便改进。

没有一位称职的管理者会拒绝一位主动寻求帮助、反馈和指导的教师，所有的管理者都希望他们的教师更优秀，因为教师更优秀，学生就会更优秀。而当教师更优秀、学生更优秀时，学校也就更优秀！

找一个对你来说比较合适的时间，这样你的压力就会少些，并事先告诉管理者，你希望他们听什么。譬如：

我正在努力提高学生的课堂参与度。我一直在尝试一个新的课堂活动，在课堂小组讨论时，我让每两个学生组成一对，让每对学生向全班同学提供讨论反馈。我特邀您去参加这个活动，说说您的想法。您对提高学生参与度的任何建议，我都乐于倾听。您看看您哪天哪个时间段合适？

为什么这么做非常重要？这么做如何帮助你提高你的教学水平？通过邀请管理者进入你的课堂听课，并请他们提供反馈，你会达到如下目的：

◆ 这表明，你是一位非常敬业的教师，一直在寻求提高教学水平。

◆ 你敢于挑战自我，走出自己的舒适区。

◆ 你在非正式评估的情况下收到管理者的反馈，压力小了很多。

◆ 你的领导对你很赞赏，因为很少有教师会主动邀请他们去听课！

方法 13：不要将学生的小错误放在心上

做什么

我们今天讲的方法很简单：不要将学生的小错误放在心上。

这么做并不难，难的是你必须调整目前的思维方式。

如何做，为什么这么做

听说某个学生做了对自己不尊重的事情，教师如何做到不放在心上？看到某个学生在上课时不停地东张西望，教师如何做到不放在心上？看到某个学生在上课时根本不努力学习，教师如何做到不放在心上？无意中听到某个学生说自己的坏话，教师如何做到不放在心上？

以下是优秀教师努力不把学生的小错误放在心上的做法。

1. 优秀教师每天都提醒自己，学生的内心正在挣扎。有时候，小孩子在生活中也面临着像成人一样的挣扎，只是老师不知道。

2. 优秀教师告诉自己："这不是我，我只是碰巧此时离你身边最近的大人。当处理你这件事时，我要一直记住，我是个大人，我要像大人一样做。"

3. 优秀教师提问问题，而不是攻击学生。"我发现你现在有点心烦，你没事吧？你需要有人跟你交流一下吗？如果需要，我可以跟你交流一下。"

当学生明显处于痛苦中时，优秀教师不会只看他们做出的不当行为，相反，他们会给学生一定的时间和空间冷静，然后与学生私下交流。学生的不当行为会得到惩罚吗？当然。但这些惩罚是适当的、经过教师深思熟虑的，教师不能因为学生伤害了自己的感情而采取惩罚措施。

也就是说，你不将学生的问题放在心上，但当学生在你面前做出某些不当行为，也确实伤害了你的感情，怎么办？训练一种"这是假的"技能。假装你没有被激怒，并依次采取行动。当老师不将学生的问题放在心上时，对事不对人，学生会做出不同的反应（更加积极的反应）。

方法 14：
对激怒你的学生说三句赞美的话

做什么

今天，挑选一名激怒你的学生，而且这名学生比任何其他学生都更威胁到你的理智，对这名学生说三句赞美之词。以下我们会告诉你应该如何做。

如何做，为什么这么做

作为教师，我们都遇到过这样的学生：挑战你的神经底线，威胁你克制的理智。说实话，你很难喜欢这样的学生。经常发生的情况是：教师做出负面反应，学生得到“回报”，更来劲地做出更多令人恼火的事情。

我们不应该这样做，我们要采用逆反心理的方法：我们要让学生感到我们是他/她新交的最好的朋友！面对这样的学生，要抛弃任何负面的反应。简单地说，就是从今天开始，对这名学生友好地表达关心。举例如下：“你今天好吗？我希望你很好！”“我喜欢你的衬衫，是新的吗？”“你今天做作业很用功，我很欣赏。”“这个回答很巧妙，我很喜欢你的创意！”“你今天帮助小组克服了困难，我注意到了，我很欣赏这种做法。”这样你就抓住了要点，能说更多的赞美之词。但是不要一次连说三句。当然，你这一天愿意说多少句就说多少句，只是最好不要连说。赞美之词不限于三句，但你要保证，至少说三句。

三句简单的赞美之词就能改掉这位特殊学生的不良行为了吗？几乎不能。但是它会开始改善你与这位学生的关系，并使其朝着更积极乐观的方向前进吗？绝对会。没有什么东西比精心设计的赞美之词更有效。

面对经常激怒我们的消极的学生，如果我们批评他们的负面行为，他们会变得更负面，他们习惯了别人的批评。面对学生令人恼火的负面行为，如果你不但没有表现出恼火，反而注意他们那些不令人恼火的行为，并赞美这些行为，那么你就会发现，学生那些令人恼火的行为会变得越来越少。这个方法很有趣，而且不需要额外的负担，却会产生令人惊喜的正面效果。

方法 15：告诉学生你为什么热爱教学

做什么

做一个标志，上面写着："我是一名老师，因为……"列出原因清单。

如何做，为什么这么做

做这样的标志，大约需要花五分钟时间。标志要尽量大一些（广告纸板那么大，或者更大），这样在教室里的任何地方都能看清楚。题目要用大字号，黑体，举例如下。

我是一名教师，因为……

1. 我爱我的学生。

2. 我喜欢帮助人们实现他们的目标。

3. 我相信所有的学生都有天赋，老师的首要任务就是帮助学生发现自己独特的天赋。

4. 我相信所有的学生都有惊人的潜能，老师的首要任务就是帮助学生实现他们的最大潜能。

5. 我认为世界上没有什么职业比教师这个职业更重要。

6. 我喜欢向学生学习。

7. 教学给我带来很多乐趣。

记住，标志既没有必要多么花俏，也没有必要多么漂亮。学生不会注意这些东西，学生只会关注上面实际写了什么。把标志放在一个学生每天都能看得见的地方——最好是放在教室前面的墙上。你也可以将一个同样的标志放在教室门外，这样所有路过的人都能看到。路过你教室的学生会看到这个标志，如此一来，没有听你的课的学生也可能想听你的课了。真是效果立竿见影的招聘广告！路过你教室的教职工也会看到这个标志。这个标志每天都会提醒你，你为什么会在这里，你为什么做这些事情。另外，作为附加的红利，管理者喜欢看到教师自豪地宣称自己热爱教师这个职业，并通过标志告知所有人。

方法 16：
让学生创建一个学生墙

做什么

把教室的一面墙指定为“学生墙”，这面墙就是留给学生、宣传学生的，并且由学生自己创建。

如何做，为什么这么做

教师花费时间、精力和金钱装修教室，就像大多数人花费时间、精力和金钱装修自己的家一样。在很多家庭，家长把孩子画的画、孩子的活动日程表、孩子的照片贴在冰箱上，家的墙上镶嵌着照片和艺术品。孩子的房间则是体现孩子重要性的地方，走进孩子的房间，常常看到孩子的照片贴得到处都是。只有这些装饰品才能表明这座房子是个家。

因此，将教室布置得让学生有“家”的感觉十分重要，你不需要花钱，你只管让学生准备如下物件：

1. 学生感到自豪的一两件家庭作业。

2. 学生的自拍照。

3. 一件类似艺术品的东西，一张学生获奖的照片，一张学生进行自己喜欢的体育活动或自己喜欢的某项活动的照片，甚至是一张学生的宠物的照片。

4. 最好是在每张照片下附上一两句话，说明他们是谁，他们对什么感兴趣等。

现在，让学生将这些东西贴到“学生墙”上。也许，你也想对每个学生说点什么，那就写下来，贴到每位学生的照片下（参考本书方法64）。照一些学生在教室学习或活动的照片，选几张贴在“学生墙”上。注意一下学生会花多少时间认真看学生墙，眼睛里是否有满满的自豪。

这面简单的“学生墙”会帮助学生掌握教室的“所有权”，会让学生感到这个教室是他们的第二个家，从而你的教室就变成学生想来的地方。在这里，他们感到安全，感到受重视，感到自己很重要。

方法 17：每天留出一个小时备课

做什么

每天留出一个小时，或是早上，或是刚刚从学校回家，或是晚上。在不被打扰的情况下进行教学设计或者给学生批改试卷，关键词是“不被打扰”。我们对此的解读如下。

如何做，为什么这么做

通常，一名教师每天需要花费多长时间进行教学设计？不同的教师花费不同的时间，但是很多教师说，实际上他们每天都花费几个小时备课和给学生批卷。进一步调查发现，很少有教师留出专门时间用于教学设计和给学生批卷。他们用零星时间做文书工作——上课前的十五分钟，休息时的二十分钟，回家后的这个十分钟、那个十分钟（根据家庭杂事来定），要不就是白天或晚上忙中偷闲的几分钟。当问到这是由什么原因导致的时，大多数教师承认，是因为手机或者其他电子设备的影响。当他们在做文书工作时，经常接听电话，偶尔看看社交媒体的文章，听一下当天的新闻，当孩子争吵时还要当一下裁判，做家务等。凡是你能说出的理由，几乎都包括在内。他们似乎从来没有在某一段时间内专心致志地从事自己的工作，每天的时间似乎都不够用。真的是这样的吗？

请考虑这样一个事实："不被打扰"地工作一个小时所完成的工作比"被打扰"地工作四个小时所完成的工作都多。如果你每天留出一个小时专门进行教学设计或者给学生批卷，并保证在这一个小时内没人打扰你，你也远离其他令你分心的事情（包括电话、社交媒体、音乐、电视，或者其他令你分心的东西），就会吃惊地发现，你竟然完成了这么多事情！

我们并不能保证你每天都能完成所有的任务，但是，我们敢说，你在"不被打扰"的一个小时内所完成的任务比你在被分心的几个小时所完成的任务要多。如果你不这么做，你会损失什么？你和家人在一起的宝贵时间，你自己的宝贵时间，睡觉的宝贵时间！

方法 18：给学生发奖励贴纸

做什么

你想要一个省钱的、被实践证明万无一失的方法来激励学生、奖励学生、改善课堂气氛，并且表明你非常关心学生吗？给学生发贴纸。

如何做，为什么这么做

如果你怀疑贴纸只是用于“小孩子”时，那就去大学的橄榄球场看看。运动员的头盔上有什么（并且想要更多）？贴纸！很多人自豪地在自己的车上贴了什么？车尾贴！你认为文身是什么？它们是永久的“贴纸”。发短信时几乎每个人都一定附带发的是什么？表情符号——虚拟贴纸！

所有年龄的人都喜欢贴纸，但在学校里，我们发现贴纸在小学比在初中和高中用得多。这是一个错误的信息，因为贴纸可能是当今教育界最被低估的，但却最省钱的激励学生的方法！

我们希望你去商店或者在网上买一些贴纸。如果你真的不想花一分钱来证明这个方法的益处，那么，我们建议你问一下周围的同事，看看他们有没有备用的贴纸，你们学校肯定有老师会很高兴给你一些免费的贴纸。

把这些贴纸贴在学生的试卷上、学生的作业上、或者学生身上。如果某个学生某件事情做得很好，你就说：“你获得了一张贴纸！”然后把这张贴纸贴到学生手上。或者你将这张贴纸给学生，他们可能将贴纸贴在身上，或者贴在衣服上，或者贴在某本书上。他们也可能将贴纸放在一边，这没有关系。无论他们是否展示贴纸，他们都非常清晰地收到了你的信息：“我注意到你做了一件很好的事情，我很欣赏。”学生收到一张小小的贴纸所做出的反应令人鼓舞！

学生渴望被他人关注、被他人爱、被他人欣赏，贴纸是一个表明你认可学生、爱学生、欣赏学生的、有趣的、简单的、省钱的方法。

方法19：
督促进度缓慢的学生

做什么

你是否有那么一个学生（或许两个或许三个），当你布置完作业让全班学生开始做时，他们却拖拖拉拉、迟迟不动？今天，你将学会一种方法，帮助这些慢热或者不愿意付诸行动的学生更快地开始写作业。做法很简单，就是假装他们没有听懂要干什么——即使你知道他们听懂了，然后给他们提供帮助。

如何做，为什么这么做

每个班级都有这样的学生：当其他同学都忙着写作业时，他却故意拖拉（请注意，我们这里指的这类学生，不包括那些不懂如何做作业而没有去做的学生，这完全是两回事）。你告诉学生开始做作业。他假装忙一会儿，但却没有真正努力去做。你再次告诉他该做作业了，他的行为表现出你似乎在打扰他。你不可避免地变得非常生气，他也清楚这点，这时，斗争开始了。经过你的多次哄骗和威胁，他不情愿地开始做作业。但是，这时候他已经被其他同学落下很多了，这种师生之争在很多班级都是真实存在的。

试试这种新方法：下次那个学生做作业再拖延时，别生气，或者至少不要**表现出**生气的样子。假设那个学生想做作业，假装他不做作业是因为他不知道如何做。走到他身边，微笑着耳语说：

我发现似乎有什么事导致你没有开始做作业，你不知道怎么做这个作业吗？需要我帮忙吗？我来告诉你怎么做，或者我们一起做。记住，每当碰到不会做的时候，就告诉我，我就在你附近。我的工作就是帮助你，我很乐意这么做。

有耐心地展示出一种友好的行为，并且帮助他，让他忙于做作业，关键是避免让学生看出在这场权力之争中你是假装如此做的。

如果学生发现你非常生气，那么他就认为他控制了你的情绪，他就会继续展示自己的拖延行为。一旦学生认为你站在他这边，并且意识到他不想做作业时你会帮助他，他就没有任何理由不立刻做作业。不妨试一试这个方法！

方法 20：
减轻学生的课堂压力

做什么

今天，你将学习一个方法：当学生在全班同学面前回答问题时，让他/她感到没有压力。具体做法是：你让学生两两一对，先让他们自己讨论，然后再回答问题。

如何做，为什么这么做

让学生主动参与课堂活动有时候是令人生畏的事情。你讲授一些知识，然后让学生回答几个问题。谁会举手？通常，都是那两三个学生。有些学生，你知道他们知道正确答案，但是他们甚至不会跟你进行眼神接触，更不用提他们会主动举手回答问题。是他们懒惰吗？是他们对问题漠不关心吗？还是他们通过不参与来对抗老师？似乎都不是。然而更可能的是，很多学生不想回答错误，或者不想在同学面前出丑。对此，我们有解决的办法。

问一个问题，让学生两两一组开始讨论。你说："不要告诉我答案，告诉你的同伴。给你们两分钟时间，跟你的同伴讨论你的答案是否正确。开始。"瞧！所有的学生都参与了讨论。在学生讨论时，你在教室四处走动，边走边听，如果有必要，则提供帮助。你通过听学生的讨论，会了解到很多信息。

两分钟到后，你开始一对一对地提问问题："你们两个同学的答案是什么？"请注意，这时学生是多么愿意回答问题。你消除了学生胆怯的因素，你让他们深入思考，然后回答小组一起讨论的答案。而且在学生讨论问题时，有些学生会从不同的角度去思考问题，有些学生则会纠正不正确的答案。

当问学生为什么这个方法能让学生更多地参与课堂活动时，有个学生总结得非常精彩："如果自己一个人回答问题，回答错了，看起来很傻。但是如果是根据两个人的讨论回答问题，回答错了，看起来就没有那么傻。"哈，孩子嘴里出真言！

方法21：
远离负能量的同事

做什么

你一定经历过，某个负能量满满的同事是如何破坏你这个正能量满满的教师的好心情的，因此，负能量满满的同事可能会毁掉你的整个人生！但是，现在你不用担心了。我们给你展现一种如何远离负能量同事的方法，就几句话，可以使你继续保持你的热心，你的正面形象，和你宁静的内心。

下次遇到负能量的同事，如果你不想被他的负能量拉到沟里去，那么你可以问他几个简单的问题，或者发表几个简单的评论。这样，他们就会挠头抓腮，迷惑不解，去寻找其他目标发泄自己的不满。具体做法见下文。

如何做，为什么这么做

以娜加萨·纳尔逊为例，她是学校里出了名的自封怀疑论者。你不必是心理学家，你也知道，只要你愿意倾听，她就会锁定你，没完没了地向你吐槽。她会说领导的坏话，她会说学生的坏话，她会说学生父母的坏话，她也会说老师的坏话……她没有其他的话题。她酸酸的态度会毒害所有她听力范围内和视野范围内的人。

你尽力想避开她，但是她似乎无处不在。你该怎么办？下次再碰见她说负能量的话时，你就这样回应她："你今天没事吧？今天似乎不像你呀？需要我帮忙吗？"看看她如何反应，看到她吃惊的表情是一件多么令人愉快的事情。

如果她说某个学生不好，你这样回应她："噢，我喜欢那个孩子。"即使你不认识这个学生，你也要假装认识。然后跟她笑笑说你必须离开，因为你有一项工作到时间了，必须马上完成，说完就立刻走开。每次遇到她，都使用同样的方法。仅仅问一个简单的问题，然后做一个简单的、正面的评论，不久，她就会想方设法像你以前回避她一样回避你了。

到了我们不给充满负能量的人舞台和听众的时候了，如果没有听众，负能量的人就无法表演。如果足够多的同事意识到这一点，你就可以彻底地将这个剧院的灯关掉，拉上窗帘，锁上门！

方法 22：与新来的教师交朋友

做什么

找到你们学校那位新来的、没有经验的教师，与他交朋友。首先介绍你自己，然后告诉他你很高兴他加入这个大家庭。最后说清楚，如果他有任何问题，你都愿意尽力帮助。

如何做，为什么这么做

众所周知，很多人想成为街区里那个新来的孩子的“新的最好的朋友”。我们并不是建议你去与别人竞争，从而成为她最好的朋友。我们只是建议你尽力为这位新来的老师提供帮助，当然，是合情合理的帮助。帮忙花不了你太多时间，但是对这位教师却可以产生重大影响。譬如，问问他最近怎么样，回答他几个简单的问题，向他展示你这个积极向上的正面榜样。当然，负能量的教师也会快速地与新教师联系，试图“招募他们”，这个你控制不了。但是，对于那些急需帮助的人，你可以成为他们信任的、乐于提供帮助的朋友。而且，告诉新教师，你也期待着向他们学习，因为新教师有许多新想法。

如果你在走廊里遇到那位新教师，问问他最近工作得怎样。如果他需要一些建议，就将你的建议与他分享。如果他做某件事有困难，就想办法帮助他，如果你没有能力帮助他，则将他介绍给一位有能力帮助他的人。邀请他到你的课堂去听课，允许新教师到你的课堂听课不用花费你任何额外时间，因为反正你也要讲课。而且，新教师就像弹簧——他们可以吸收你分享的所有有用的信息，并且充满感激之情。

我们都记得，我们曾经是新教师时的样子：没有经验，害怕提问问题，担心别人说自己不称职，我们也都记得在第一年试用期内那些帮助过我们的人。成为那个帮助别人的人，可以获得额外的红利：助人者助己。敞开胸怀，向新来的教师学习，学习他们的新观点，学习他们克服困难的勇气，分享他们取得的成就。

方法 23：10分钟内使自己更井井有条

做什么

今天，我们告诉你如何利用仅仅十分钟时间——绝对不多于十分钟，使自己变得更井井有条。即使你已经井井有条了，但是你会变得一直更加井井有条。你只需要做两件事情：（1）扔掉几样东西；（2）在你的办公桌上放一个记事本。实际上，十分钟之内你就能完成这两件事。

如何做，为什么这么做

每个人都想做事更加井井有条，以至于出现了专门提供整理服务的公司。电视中有志愿者让专业整理公司对自己的空间进行整理的节目，生活中有什么都不卖专门卖整理箱的商店，但是很多人仍然在生活中把家或办公场所弄得杂乱无章，这些人就包括教师。如果你愿意，我们有一个简单的方法帮助你改善这种杂乱无章的状况。

今天就开始做两件事情：(1)将你放在教室里不需要或者不用的十件物品扔掉，或者捐出去；(2)在你的办公桌上放一个记事本，这样你随时都能看到。不要相信你的记忆，将每天应该做的事情写在记事本上，即使你有专门的记事APP，那也建议你使用实物记事本，在记事本上记东西比使用APP快得多。如果使用APP，你首先要拿出手机，输入密码，打开APP，将要记的项目列入清单。如果你想在以后将此项增加到你的APP清单中，使用手机是可以的。

设想一下，每天做一件事情，你就会向井井有条前进一步。也许明天你整理办公桌的一个抽屉，也许后天你整理一下书架上的文件夹，也许大后天你整理一下办公桌的另一个抽屉。像婴儿走路一样，慢慢来，一天做一件事情。

也许你无法将所有的物品都管理得井井有条，但是你每天都会取得一点进步。每天花几分钟时间，整理一下你的杂乱无章的物品。下一节，我们将告诉你，如何获得免费的帮助。

毫无疑问，管理得井井有条的课堂效率会更高，自我管理井井有条的教师效率也会更高、更富有成效。

方法24：
装饰你的教室

做什么

你的教室需要装修一下、整理一下、重新布置一下吗？如果需要，有一个免费装饰教室的方法，甚至可能不用出什么力气！你只需要找到一个喜欢装修、喜欢布置房间的人，然后将这个人请到教室，就完成任务了。下面将告诉你如何做。

如何做，为什么这么做

你家里是否有一个重新装修、重新布置、彻底清扫、重新整理过的房间？为什么要这么做？因为你不想离开这个房间，你就想住在这个房间，好好享受生活。住在这个房间里感觉良好——很平和，很安静，很吸引人。这正是我们想让学生每天在教室里的感觉，我们每天都在教室里待很长时间，我们为什么不把它装修得像家一样呢？

众所周知，每个学校都有一些有才能的、有创意的、喜欢室内装修的教师，他们上课的教室都装修得非常漂亮。找到这样的教师，邀请他们给你的教室也装修一下，他们喜欢做这种事！告诉他们，你没有装修经费。他们更喜欢这种挑战！你有什么，他们就用什么。他们也会捐助一些他们不用的物品，提出一些重新布置的建议，请你带一些你家里不用的物品等。像重新摆放家具一样，他们会做一些简单的改变：给旧书架喷漆，创建一个供学生休息、听音乐、读书的空间。他们用捐助的板条箱就能够创造奇迹：用于储存、整理，或者消除杂乱无章。给他们几个小时时间变魔术，当你走进教室时，简直认不出来这是你的教室。然后，真诚地感谢他们，将他们的故事告诉每个人。并且在你的教室里，立一个标牌，上面写着："由……装修。"如果你找不到这样一位教师，也许某位学生家长很有才能又特别愿意给你的教室装修。

我们认识一位教师，她请了当地一位室内装修师来装修她的教室。装修师使用这位教师目前有的东西和她的同事不用的东西，花了一个下午的时间，对她的教室进行了重新装修。作为回报，学校在简报上表扬了这位装修师，并且在学校门口的大屏幕上也表达了感谢。

结果？你的教室焕然一新！教室被布置得井井有条，既好看又舒适，对学生的吸引力更大了。现在，你在这个教室上课的效率更高，更富有成效。

方法 25：
采用“你是否注意到……”方法

做什么

设计这个方法的目的是为了改变学生的行为。通过使用这个方法，你就能帮助那些行为不当的学生变得行为得当。捕捉到那些经常行为不当的学生变得行为得当的时刻，问他们是否注意到他们目前的行为很恰当。具体的方法如下所述。

如何做，为什么这么做

这个方法也很简单。比如说，丽琪是一个习惯性说话滔滔不绝的人，你一直跟她讲这个问题。当她的行为太过头时，你惩罚她，有时候你甚至请求她停止讲话。大多数情况下，这种做法根本无效……是时候试一下一个简单的传统的好方法：逆反心理法。你等待一个机会：丽琪没有讲话。然后你快速走向她（小声地、不让班里其他同学听到），说：

丽琪，你是否注意到，你刚才没有轻率地说话？这说明你自律了很多，成熟了很多。我想让你知道，我也注意到了，我为你感到自豪。我想给你妈妈写封信，说我为你感到自豪，好吗？

然后，你给丽琪的妈妈写个便条，告诉她，丽琪今天没有随便说话，你为此感到自豪（这张便条的美妙之处在于，你实际上告诉丽琪的妈妈，孩子**确实**有问题。但是，你是从正面去处理这个问题，告诉父母你因为孩子取得了一点进步而感到自豪）。之后，你继续捕捉丽琪行为得当的时刻。

无论学生年龄多大，他们都喜欢被赞美。学生年龄越大，他们的父母/监护人收到老师对他们的赞美越少。所以，通过这种方法，你在帮助人们改变对这种趋势的看法。学生和家长都会对你有越来越多的正面的积极的看法，更重要的是，学生感到自己越来越积极向上。

所以，你是在“欺骗”学生采取不同的行为？你对学生采取操纵的方法？绝对是！如果能实现目标，我们在此书中愿意使用任何方法。这个方法是安全、有效的，能帮助学生改善行为，表现良好，并且能让课堂充满快乐。

方法 26：
转移你的教学注意力

做什么

不要问自己“我今天要教什么”？而是问“学生今天要学什么”？听起来非常简单，对吧？确实非常简单，但是这个理念能够对你的教学效果产生重大影响。

如何做，为什么这么做

问自己“学生今天要学什么”？而不是问“我今天要教什么”？乍一看，这似乎仅仅是个语义问题，实际上却不是，你是在将你的教学注意力从你要做什么直接变成学生要做什么。我们经常建议，老师的教学设计里的每个句子几乎都应该是以“学生将要……”开头，这样老师就能够大大改善他们教学设计的思维方式。

我们将提供给你尽可能简单的方案。比如说，你正在设计一堂比较简单的课，上课的第一件事就是介绍“加法”这个概念。在做课堂设计时，你可能这样：先告诉学生这个定义的内容，然后再解释一下。请注意，这种做法就是我们说的“**你**要做什么”。假定学生被动地坐在那里，并且你希望他们都在听你讲。但是，如果你转移你的教学注意力，变成**学生**要做什么，那么你的课堂设计可能就会这样：老师在介绍加法定义的同时，学生在主动地数软心糖豆。每个学生面前放一张纸，纸的中间有一个圆形图，图里有一颗糖豆。老师要求学生在圆形图里**“加”**一颗糖豆，然后，让学生看看圆形图里有几颗糖豆。这时，老师说：“大家答对啦，这就是加法。”按照这个方式继续上课。

这两种做法，你认为学生更喜欢哪个？被动地听还是主动地参与？尽管这个例子非常简单，但是这种方法却适用于任何年级的任何课程，思维的改变会引导行为的改变。

如果你将教学注意力从**教师**要做什么变成**学生**要做什么，就会改善你的课堂设计方式，从而也就改善了你的教学方式。

方法 27：让你的学生相信……

做什么

正确的态度加上合适的方法，基本上你就能让学生相信一切。好好利用这个理念，让你的学生相信：每天看到学生来上课，你感到特别高兴；看到学生离开，你又感到非常悲伤。下面告诉你应该怎么做。

如何做，为什么这么做

记住，凡是相信你真心关心他们的学生，会不惜一切代价让你高兴。花点时间和精力让学生相信你真心关心他们，他们会给你百倍的回报。你必须让学生相信：你热爱教学，你热爱学生。

现在，让我们回到现实。每天看到学生们，你是不是总是很高兴？当然不是。有时候没有看到某个特殊学生，你是不是感到不是滋味？如果是这样，你并不用觉得奇怪，有时候有这种感觉是正常的。但是，学生却不知道你有这种感觉。如果你想从学生那里得到最多，也想让学生从你那里得到最多，你必须让你的学生相信两件事情：(1) 学生来到教室时，你感到非常高兴；(2) 学生离开教室时，你想念他们。把这个告诉学生！并且让他们知道，周末对你来说有点悲伤，因为你想念他们，而暑假几乎是非常痛苦的。

优秀教师总是努力让学生相信我们刚才提到的两件事情——学生来到教室时，你显得非常高兴；学生离开教室时，你感到有点悲伤。如何做到这点呢？很简单。第一，你告诉学生，你的生活从本质上讲，与他们息息相关。在放假前，你告诉学生，你会非常想念他们；在周五下午，你告诉学生，你期待着周一上午见他们；在年底分手时，必要时流出几滴眼泪；第二，一定要不停地告诉他们，他们对你来说非常重要，担任他们的老师你感到特别幸运。如果你怀疑这个方法的有效性，说明你根本没有使用这个方法。现在就试一试，你什么都不会损失，但是你的学生却得到了一切。

方法28：
谨慎使用社交媒体 *

做什么

不要害怕**使用**社交媒体，但是一定要保证，不要**滥用**社交媒体。

如何做，为什么这么做

社交媒体平台用无数的方法将老师与学生、学生家长、朋友、家庭及同事联系在一起。但是，一定要弄清楚哪些方式合适，哪些方式不合适。下面是使用社交媒体的一般**注意事项**。

应该做的事情：

◆ 遵守你学校或者社区的社交媒体政策。

◆ 使用社交媒体确定教学内容，与学生父母联系，布置作业，按照学校规章举办其他能够促进学生成功的活动。

◆ 通过社交媒体（详见本书第29个方法），与世界范围内的其他教育工作者联系。

◆ 请记住，即使你的社交媒体账户是个人的，但也有可能别人能看见，甚至会有黑客攻击。

不应该做的事情：

◆ 将不想让你的学生、学生家长或你的领导看见的信息发到网上。

◆ 在上班时间，使用个人的社交媒体网站。

◆ 在社交媒体上抱怨工作、学生、学生家长或同事。

请记住，保持良好的声誉对获得学生、学生家长、同事、领导和社区的信任是非常必要的。如果你不确定某件事发到网上是否合适，那就不要发。千万要谨慎行事，因为你一旦发到网上，就再也收不回来了。

*此部分改编自布鲁肖和威特克尔的著作《万人迷老师养成宝典》。

方法29：关注教育新观点

做什么

推特可能是教育工作者把工作秘方保存得很完好的地方之一。如果你没有推特账户，可以花五分钟时间注册一个（你也可以去使用其他媒体账户）。很快，你就会跟世界上很多最富有活力的、最有创意的及最积极向上的教育工作者联系上了。如果你不发“推特”，也没关系，你仍然能够从很多学富五车的教育者那里获得免费的观点，并且别人并不知道你在推特群里。潜伏在推特里好好学习吧！

如何做，为什么这么做

当你使用社交媒体及其资源的目的是为了提高专业水平时，那社交媒体就会使一个人的知识变成很多人的知识。这能保证你与其他有着相同理念的教育者保持联系，非常容易找到新的、能够迅速用到课堂教学的观点。有些观点很简单，譬如公告栏上大家都知道的观点、教学计划中的观点。有些观点很复杂，譬如将目前发生的事件融合到跨学科的教学中，并且要符合本州教育部门的标准。但无论是简单的问题还是复杂的问题，答案都在信息广泛的社交媒体里。对你目前面临的挑战做一个网上搜索，通常你会发现，有人已经解决了同样的问题，并在网上分享了他们的答案。

如前所述，你可以只是潜伏在某个群里好好学习，也可以加入每天都发生的、无数的教育方面的聊天。有小学一年级教师的聊天，也有物理老师的聊天；有一般教育的聊天，也有特殊教育的聊天；有新教师的聊天，也有退休教师的聊天；有越来越多的学生父母参与的聊天，也有提高课堂管理的聊天。只要你说出名字，就有这样的聊天。

推特不仅能够提供教学计划观点、内容和概念，而且能提供很多特别需要的情绪刺激。如果你愿意，你也可以通过分享你的观点来帮助别人。

你愿意为了提高教学水平而使用一些激发灵感的，或者免费的观点吗？去推特上跟其他人联系吧。

方法 30：
赞美后勤工作人员

做什么

今天，我们希望你做一个简单的行为——至少赞美一位后勤管理员（主要的工作是教室维修、清洁和管理——译者注）。当然，最好是赞美所有后勤管理员！我们接下来会告诉你如何做，并解释这么做为什么非常重要。

如何做，为什么这么做

一所学校要有效运转，需要整个团队共同努力——行政管理助理、食堂服务人员、学校的医生护士、教学助理、校车司机、教师、管理者，还有最重要的人，后勤管理员。他们既能将你的生活变得痛苦，也能将你的生活变得快乐。他们是舞台聚光灯照不到的幕后英雄，但是我们都承认，他们的工作对学校运转和课堂教学至关重要。后勤管理员是否认真工作，会影响我们是否能集中精力教学和学习。学校可能有一个维修小组，也许有两个，但是每个小组的每个人都值得我们认可、钦佩和感谢。如果我们尊敬他们，他们就会工作得更出色，道理就这么简单。

我们如何向某位或者所有后勤管理人员表达赞美之情呢？你可以做一些简单的事情，譬如在你的垃圾桶上粘贴一张便条，上面写几句对他们的感谢。你也可以当面表达感谢或者可以给他们一包糖果，附上你和学生们的几句赞美。尽管你做这些不是为了达到个人目的，但是请相信我们，你这么做一定会得到后勤管理人员的特殊优待。他们会特地来擦干教室里不小心洒下的水，移动一下书架，为你额外找一张桌子或者椅子等。

但是，如果给你打扫教室的后勤管理员工作不是特别出色怎么办？那么，就更有必要向他们表示感谢。可能的情况是，他们从今以后会额外努力，至少在清扫你的教室时会额外努力。

向后勤管理员表达感激之情这样简单的事情会让你成为更优秀的教师吗？当然会。通过使他人感到特别，你会感觉良好。当你引导学生向他人表达感激之情时，学生也会感觉良好。更美好的情况是，跟以前相比，你的教室会得到后勤管理人员更多的关注，因为表达感激之情和尊重别人会产生互惠行为。当人人都感觉良好时，人人都会出色工作，人人都会成为赢家。

方法31：要求学生对你的教学提供反馈

做什么

花几分钟时间调查一下，看看学生对你的教学有什么想法。请注意，这种方法与本书方法7不同。本书方法7是让你询问学生对具体某节课的看法，方法31是需要你询问学生，他们对你的整个教学是怎么看的。要做好思想准备，因为有些看法是表扬你的，有些看法则是指正你的。不要害怕他们可能会说什么，还有人比你的学生更了解你的教学吗？

如何做，为什么这么做

告诉学生，你想知道，他们对你的教学是怎么看的，他们对你对待每个学生的方式是怎么看的。另外，告诉学生，你希望请他们给你反馈，并且以匿名的形式（在调查问卷上）。因为你想知道他们真正的看法，即使这些看法是负面的。在下课前，请一位学生收齐这些问卷，放在你的桌子上。

向学生强调并解释清楚，你做这个的目的是看看学生认为你哪些地方做得好，哪些地方做得不够好，因为你想尽可能地从各个方面提高自己。告诉学生，你会仔细地阅读每条回答和建议，尽管你可能无法采用所有的建议，但是肯定会利用这些反馈使自己成为更优秀的教师。

这种调查至少每年做一次，最好是每季度做一次。以下是调查问卷中经常问的几个问题样题：

1. 你认为我已经尽全力让你全力以赴地学习了吗？

2. 你认为我是公平地对待你吗？我尊重你吗？

3. 你认为你对我很重要，并且我很关心你吗？

4. 关于如何提高我的教学水平，你有什么建议？

你这么做得到了什么？你得到了诚实的反馈，你得到了改进的建议。所有的建议都可行吗？可能不是。但是，有些建议是可行的。另外，你给学生发出了这样一个信号：他们的建议对你很重要。你敞开胸怀接受建设性的批评，努力让自己变得更优秀。这正是正面榜样该做的，这正是成功教师的成功所在，这正是我们期待给我们提供服务的人也要做到的，这正是班级里每位学生应该得到的服务。

方法32：“销售”你所教的知识

做什么

成功“销售”你所教的知识的最有效方法是，你的行为使所教的内容看起来很重要并且与学生相关。当然，我们教的任何知识都很重要并且与学生相关，但是，学生并不知道，除非我们的行动能明确表现出来。

如何做，为什么这么做

如果这本书的题目是“教师信息”，你绝对不会拿起来阅读。即使有人免费送给你，你也可能懒得翻开看一眼。但是目前的题目却让你确信，此书有很多方法能够帮助你提高你的教学水平，并且**简单**，成效**快**！我们早就已经知道，这部书既重要又相关，但是你不知道。所以，我们绞尽脑汁、想方设法让你明白，这部书所包含的信息值得一读、非常有用，但又不会让你感到太难掌握。我们并不是因为觉得你懒惰才跟你分享这些易学的方法，而是因为每个都很实用。

现在，我们想让你将这个相同的理念用到你的学生身上，使你的课实用、有趣、生动。如果某个概念特别难掌握，很多学生就会选择放弃学习。如果学生认为某个技能他们一辈子也用不着，那他们根本就不会花精力去学习。

你是否听到某个学生说“我数学根本就是学不好”？可能从来没有人告诉这个学生，数学无处不在。没有数学，就没有电话，没有电脑，没有电视，没有房屋，没有饭店，没有水果店，什么都没有。如果你打橄榄球，你也需要数学，因为橄榄球就是根据数学原理发明的。但是，很多学生认为，数学就只是在书本上，在令人厌烦的活页练习题上，跟他们的生活没有任何关系，那是因为我们忘记将数学“销售”给学生。

我们上每一堂课的方式与确定一本书的最佳题目（和内容）所使用的理念是一样的，你就是书的**封面**，是书的**内容**。通过你的行为使所教的内容看起来很重要，以此来向学生销售你的“书”。譬如说：“我迫不及待地想告诉你们今天所学的内容！”花点时间让学生相信，他们所学的每个技能都是实用的，都能够在现实生活中**用得上**。然后，无论你教给他们哪个技能，都让他们弄清楚——这个技能与他们的生活有关，容易理解且实用。关键是，在整个上课过程中，你必须充满激情（在本书第35个方法中，我们会告诉你如何做）。

方法 33：让学生从头到尾地完成整个项目

做什么

这个方法会减轻你的工作负担，将重担放到学生肩上。他们要从头到尾地完成整个项目。你只是指导他们，而他们要完成大多数工作。当然，你必须根据你所教的学生年级来调整你的指导，年龄很小的学生需要更多的指导。

如何做，为什么这么做

我们是从一位五年级教师那里“偷”的这个特殊理念，但你可以将它用于任何你教的年级，也可以修改一下，以便适合不同的年龄段，或者不同的课程。学生每两人一组，对某个特殊的历史人物进行调研。每个小组都指定一个不同的历史人物，这个项目所涉及的历史人物可以是著名的数学家、科学家、作家或发明家等。做法是：告诉每组学生具体的项目指南，然后放手让学生做。一旦项目完成，让每组学生中的其中一人扮演采访者，另一人扮演著名历史人物。在指定的某一天，他们都穿上跟扮演的人物相配的衣服。当然，不需要精致的妆容。一个学生穿得像一个记者，另一个学生穿得像那个著名的历史人物（某个方面的样子类似，譬如戴着纸糊的帽子、粘上去的纸胡子等）。

首先，每个采访者要问几个由你事先确定的问题。例如：你叫什么名字？你何时在哪里出生的？你的童年怎样？你最大的成就是什么？你最大的失败是什么？把这些采访都录像，或者你录，或者由某个学生录。然后，你指定某个学生（或者你自己）将所有的录像编辑成一个录像。全班同学一起观看录像，这样他们就会学到很多历史人物。你根据录像，给所有学生打分。最后，你将录像复制，给每个学生发一份，让他们带回家，跟家人分享。

学生为完成这样的项目感到自豪，因为这是他们自己参与的真实的项目。而且，他们做了绝大部分工作，你只是做了**指导而已**。你可以将这个理念应用到几乎所有课程的所有项目中，如此一来，学生喜欢，学生家长喜欢，人人都学到了东西，人人都是赢家！

方法 34：有效利用测试数据

做什么

测试数据——仅仅四个字，却常常会引起老师和学生强烈的负面反应。我们意识到，人们一说到测试数据，就会感到压力很大。但是请记住，我们是在努力帮助你**减少**压力，而不是增加压力。所以，我们现在就向你展示一下，如何使用一条测试数据就能从根本上改变你的教学方式。

如何做，为什么这么做

这么多数据，这么少的时间，很可能会把我们整个人都吞噬掉，对吧？所以你可能会选择故意避开，或者干脆什么都不做。其实不必这样，只用一条数据就能提高你的教学水平。

数据是来自全市范围的大测试还是简单课堂测试，都没有关系，但所有的测试都要提供结果。我们如何**使用**这些测试结果，会对学生产生影响，要么帮助学生进步，要么阻碍学生进步。我们用一个简单的课堂测试作为例子，假如你测试的作文题目是**确定主旨**，测试结果显示，大多数学生并没有完全掌握这项技巧。所以，根据这条数据，你需要用不同的方法再教，因为很显然，你第一次教的方法并没有产生预期的效果。在重新教某个技巧时，一定要确保学生参与。先练习这个技巧，然后再让学生独自使用这个技巧做作业。一旦你感到，他们已经完全理解了这个技巧后，再做测试。这次的测试结果保证会比第一次好，因为他们的理解更深入了。

每个人都能完全理解所有概念吗？当然不能。但是，通过采取使用数据这样一个小措施来提高你的教学水平，比不采取任何措施要好很多。我们希望，你会继续这种实践，并开始使用评估数据来提高你的教学水平，即使你仅仅使用了一次，也比没使用前的效果好。教学水平提高了，学生的成绩就提高了。使用测试数据这个方法似乎非常简单，但这就是它的好处所在——找出学生不理解的知识，用另一种方法重新教一遍，这样学生就能更好地理解。你可能以前从没做过，但从现在开始迈出第一步，无论这一步有多小，意义都非同小可。

方法 35：
每天都充满激情

做什么

我们请你尝试一个方法，只尝试一天：虽然心情一般，行动也要更有激情。我们确信，当你看到这样做的结果时，从现在开始就会将此变成日常习惯。

如何做，为什么这么做

在本书第32个方法里，我们陈述了一个事实："销售"你所教的知识。无论你今天感觉是否处于最佳状态，学生都需要也应该有一个积极向上的教师。这位老师热爱**教学**，热爱**所教的内容**，热爱**学生**。优秀教师每天都提醒自己：他们是舞台上的演员。他们教学时一直要保持比感觉看起来更幸福、更有激情，即使他们已经很幸福、已经很有激情。如果有时候感觉不幸福，也要假装很幸福。

试试以下这个简单的方法：假装你买彩票中了大奖，

整整一天都像是真的中了大奖一样，你拥有上亿万美元的钱，以后也不用被迫工作了。不要告诉学生你在做什么，或者为什么这么做。只是所有的行为都看起来特别幸福，特别有激情。在几秒钟之内，你就会发现学生的态度和行为都发生了变化。

下面几种学生的反应，是你可以期待看到的。有些学生会问：老师您没事吧？有些学生相互看着对方，似乎在问：发生了什么事？但是很多学生却不知不觉地"抓住"了你的激情。你只管静静地观察和享受，注意他们的反应：他们如何跟你互动，他们之间如何互动，他们如何参与课堂活动。开始，你会发现学生感到不解，感到困惑，有的甚至表示怀疑（老师真的高兴吗）。很快，你会发现学生开始认同（今天她真的很高兴，我们不知道为什么，但是她的确很高兴）。最后，你会发现，你的激情变成了他们的激情。

为什么不在这个"彩票"中赢个大奖呢？这种事情你每天都可以做。这样做不仅免费、有趣，而且教学效果立竿见影！试试这个方法，学生的反应会说服你：**你的**行为会对**学生的**行为产生很大的影响。

方法 36：
给学生分配课堂任务

做什么

将每天在教室里需要做的事情列出一个简要任务清单——应该由学生完成的任务，而不是需要教师完成的任务，然后，将这些任务分配给你的学生。不要替学生做所有的事情，要帮助学生，让他们承担更多的责任。

如何做，为什么这么做

让我们看一下你任务清单上可能列举的几件事情：收作业，发作业，削铅笔，摆正桌子或椅子，分发做某个项目或参加某个活动的物品，将教室里的垃圾倒掉，修改当天的日程表，打开或者关闭投影仪，欢迎听课老师，或者其他你能想出来的事情。这些任务还包括一些很简单的事情，比如，上课时打开教室门，下课时关上门。如果学校规定老师必须在学生放学后关门，那么，你可以指定某个学生提醒你关门。

你可以与你的学生分享这个任务清单，让他们自己“挑选”这个周的任务。或者，由于某些具体原因，你想将某几项任务分配给某些特定的学生。有些任务需要每个学生都参与，比如，每个学生都有义务将自己桌子边的垃圾丢到室外的垃圾箱里。下课铃响前的30秒，要求学生“打扫教室”，这样，保洁员也会非常感谢你。

有些任务需要特定的学生完成，例如，在你的任务清单上有“跑腿”的任务，需要学生偶尔将某个东西送到老师办公室，或者送到大厅里，你肯定不会将这个任务分配给一个你不太信任的学生，因为有些东西是保密的。当然，这需要你正确的判断力，允许学生不时地更换一下任务。

实际上，所有年龄段的学生都喜欢老师给他们分配任务。将某些任务分配给学生会帮助学生找到自己是教室主人的感觉，会让他们引以为豪，因为这让他们感到自己很重要。当人人都发挥作用时，上课过程就会像一台加足油的机器一样运转顺利。

方法37：观察优秀教师的课堂

做什么

在每所学校，都会有一些教师非常优秀，富有创新，我们听到学生、家长和其他教师都对他们大加赞扬。在有些情况下，这些教师通过获奖或者其他特殊形式的表彰得到认可。所以，我们就好奇，这些教师到底做了什么。这种好奇是正常的，有时候，我们甚至有点嫉妒他们。事实上，有一个简单的方法能快速发现他们到底做了什么：走进他们的教室，观察他们上课，然后，将他们的做法融入到你的课堂中。

如何做，为什么这么做

教学中一个最可怕的事情是，我们自己不确定自己教的到底好还是不好。我们使用了最恰当的教学方法了吗？学生真的完全理解了吗？有更有效的方法来达到我们的目标吗？

令人悲伤的是，我们很少去同事的课堂听他们讲课。因为当我们观察其他老师上课时，我们能比只是读论文或者参加专业发展会议更快速地获得（老师们把这个叫“偷”）新的观点。在教师专业发展会议上，你可能在某个方面学到很多知识，比如“项目式学习”。但是，如果你能够在你的学校，在你同事的课堂，亲眼观看“项目式学习”的实施，那么，你学到的知识会更多。毫无疑问，你观察的老师越优秀，你“偷”来的观点越先进。

确定一个时间（并获得许可），走进一位非常优秀的教师的课堂，观察他/她讲课。你不用花很长时间，事实上，当你观察一位优秀教师讲课时，仅仅几分钟时间，就能学到很多。好消息是，优秀教师更愿意与他人分享自己的观点，并允许其他人来自己的课堂听课。当有人提出要听你的课，“偷”你的观点时，也不要吃惊。新教师对最新的教学理念，也有一系列自己的想法，你也可以去观察他们上课。当你观察其他老师上课时，会在很多方面收获颇丰：教室布置、管理方法、教学方法、公告板的内容以及如何使用教学技巧等。

通过观察我们的同事上课——邀请他们到我们的课堂听课，我们就开始了最佳的教学活动。一切都是从一个观察开始，却不会就此停止。当然，开始时一定要观察最优秀的教师，然后，开始观察所有对你敞开大门的教师，开始“偷”教学方法。

方法 38：
简化你的课堂管理计划

做什么

优秀教师上课的基础是课堂管理计划，此计划由教师制订，由教师持续实施，但对所有人都开放。课堂管理计划的核心是：必须遵守几个明确的规则和程序。最好的课堂管理计划常常也是最简单的。下面我们来给你展示一下如何简化你的课堂管理计划。

如何做，为什么这么做

毫无例外，所有优秀的教师都是优秀的课堂管理者，并且，从本质上讲，所有的课堂管理计划在范围和简洁度方面都类似。学生知道这个计划是什么，因为他们参与讨论、实施这个计划，而且在持续地使用这个计划。如果学生忘记了这个计划，或者没有按照计划的要求做，那么，老师就要提醒他们，或者，如果有必要，则要重新教他们一遍。

课堂管理计划的关键要素是：简单、清晰、一致。可是，很多老师被“杂草”缠住，抓不住要领。他们的计划常常不清晰、冗长、前后不一致，而且经常随着自己的心情而改变。我们把课堂管理中冗长的部分比作“公园里”的杂草，而以下这些方法可以除掉这些“杂草”，让公园变得井然有序。

◆ **我定的规矩数目是否保持在最小值？**你定的规矩最多不能超过五条，以防被破坏后造成严重后果。规矩一旦被破坏，从逻辑上讲，会引起不良后果。

◆ **我是否确定了明确的程序（做事的方式），学生是否清楚这些程序？**你制定了很多做事的程序，比如，如何进出教室，如何上交作业，上课时想上洗手间应当怎么做，如何对待其他人，有问题时该怎么办，如何加入小组、离开小组以及出现紧急情况应当怎么办等。

◆ **我是否始终如一地实施课堂教学计划？**

当你的课堂管理计划很有效时，学生自然会反映良好。但是，如何构建这个计划则是老师的责任。学生应当知道从这个计划中能获得什么，但是，请记住，他们毕竟是学生，他们需要老师不时地提醒、训练和指导。在制订课堂管理计划时，请牢记这三个词：简单、清晰、一致！

方法 39：
缩短课堂活动时间

做什么

大多数老师都同意，让学生专注于某项任务的时间不能过长。但我们却需要他们整节课都集中精力听讲。因此，如果想要学生保持**较长时间**的专注力，我们就必须缩短课堂活动时间。

如何做，为什么这么做

你是否给学生布置过一个作业，需要学生花费超过十分钟的时间才能完成？如果你这么做了，你是否注意到，有些学生立刻忙于做作业，而有些学生则没有？有些学生早早地完成了，却做得不对？有些学生落后很多，似乎看不到他们何时能完成？你甚至听到学生在偷偷说话？

但是，同样的学生却能够连续几个小时地专注于玩电子游戏，这是怎么回事？这是由于电子游戏具有分段特点。你需要从小事做起，然后在同一层次安排练习。然后，移动到更高层次。有些学生听课的专注力持续不到五分钟，但在打橄榄球时，他们整个赛程却都很专注，这又是怎么回事？这是由于橄榄球比赛分为几个短的部分，叫“场次”。同样，你的课堂活动也应该分成几个短的部分。如果学生读一个故事，就把这个故事分成几个部分，然后提一些有趣的问题，让学生刚开始阅读时就感到兴奋。做一个小的活动，让学生仅仅根据题目，猜猜故事内容可能是什么。然后，让学生读开头第一段，看看刚才谁猜对了。现在，提出一两个问题，让学生在第二段里找出答案。如果是数学问题，则把它分成几个小的步骤，从易到难。如果你的每节课都由很多小的部分组成，任何课堂活动都不会因为时间长而无趣。

课堂活动的时间越短，教师让学生保持注意力的时间就越长。另外，课堂活动越短，部分学生比其他同学早完成任务的机会就越小。

你可能已经注意到，这部书也是分为很多小的、容易掌握的部分，原因也是如此。优秀教师常常是通过教授小的、容易掌握的部分让学生的注意力更加集中。你的课堂活动时间**越短**，让学生保持注意力的时间就**越长**。

方法 40：举办课堂抽奖活动

做什么

一开始我们就必须声明：这项活动与学校筹措资金没有任何关系，相反，它与你在的课堂上“培养学生的兴趣”有关系。如何用快速、简单的方法**培养学生的兴趣**？在课堂上进行抽奖活动！

如何做，为什么这么做

课堂抽奖活动就是一种趣味活动，学生抽奖，学生获奖。抽奖活动可以是即时的，也可以是有计划的，这得根据你的具体情况确定。奖品不必花钱购买，当然，你可能要买一些贴纸。但是，奖品也可以是五分钟的休闲时间，免费家庭作业卡，坐在老师的椅子上等。展开你的想象，找到任何学生喜欢的奖品。

一位老师跟我们分享了他的课堂抽奖活动规则。

我有一个简单的奖券规则和一个票箱，学生做下列事情能得到奖券：上交家庭作业，上交完成的项目，上课时表现良好，在集合时表现良好，自愿帮助其他人，参与课堂活动等。我甚至在教师感恩周给他们的奖品是：给教师洗车。尽管这需要干很多活，但是他们喜欢做这样的事情！有时候我仅仅给他们一张贴纸，上面写一句感谢的话。我给学生的奖品几乎都来自当地的企业，得到这些奖品，我唯一要做的是，向企业开口要。企业捐助饭店赠券、冰淇淋、糖果、电影票、礼品卡、学生文具，还有很多其他特别酷的奖品，我把最好的奖品用于有计划的抽奖活动。例如，为了让学生在某一段时间内上交作业，我会举起一副全新的耳机（企业捐赠的），说："这是'两周内完成作业'的抽奖奖品，凡是在今后两周内全部完成作业的同学都有机会抽取这个奖品。"在其他时候，我可能会在讲课中间停下来，说："我觉得应该抽个奖了。"然后，我把手伸进票箱，抽出一张奖券，随机送给某个表现好的学生。抽奖的时间不超过三十秒，但是学生很喜欢这个活动。为了得到奖券，他们几乎会做任何事情！这是激励学生的一个非常有趣的方式，能够让他们一直保持专注。

方法41：邀请校外的人参观教室

做什么

通过在线聊天、短信、推特或其他社交平台，邀请成功人士，或者如果有可能，甚至邀请著名人物，到你教室参观。

如何做，为什么这么做

尽管你能够邀请名人或者成功人士亲自来你的教室参观是一件非常激动人心的事，但是要达到你的目的却十分不易。问题的关键是，你要将一个外人的声音带到教室——这个外人说的话必须能够激励学生或者鼓舞学生。

尽管我们不是名人，但是我们非常高兴参与这项活动。只管给我们发一个推特（@AnnetteBreaux和@ToddWhitake），并附上标签#75WaystoBeaBetterTeacherTomorrow，我们就会通过推特给你和你的学生发一封鼓励信。你可能会很吃惊地发现，很多人特别愿意参与这项活动。但是，你邀请的人不一定是名人。可以是在其他学校任教的你的一位朋友，给学生发来一条短信说，听说你们班在某某方面（或者某个课程、某节课、某个活动）做得特别好，所以向同学们问好，并希望同学们继续努力。现在，学生已经知道，他们“名声在外”，他们非常优秀。试着联系某位著名的作家、演员、演讲家，或者某位你认为能鼓舞学生的人，你邀请的人给学生的影响越积极向上，学生越高兴。

一位老师跟我们分享了如下故事：

我有一个学生，他的父亲在部队服役，最近他被派到某地完成一项任务。我们跟他进行视频聊天，所有的学生都有机会跟他互动。他给同学们讲了很多激励人心的话。他答应我们，在他完成任务返回部队途中，会来学校看我们。

想象一下这位学生自豪的心情，他的父亲现在出名了！说到学生家长，老师可以经常邀请学生家长来班级与同学们分享他们的某些技能或才干，我们也鼓励你这样做。但就这个教学方法而言，我们更加建议你从校外邀请人（当然，大多数情况下也可以是某个学生的家长）。这么做既快，又简单，最重要的是，效果非常好！

方法 42：
与学生一起大笑

做什么

你最近听到过好笑的笑话吗？如果没有，我们告诉你去哪里找。你每天与学生一起欢笑吗？如果没有，我们告诉你如何做。

如何做，为什么这么做

笑声对我们的身体和精神健康有无数的益处。有一句古话："笑是最好的良药。"没有比这话更正确的了。但是，教学不是一件很严肃的事情吗？是的，教学是很严肃。但是，不能仅仅因为某件事情很严肃——比如，教年轻人（我们的未来），就意味着它不能充满乐趣和享受。

但是，如果你没有现成的笑话，又不是天生的幽默，那该怎么办呢？没关系。你不必带有与生俱来的幽默感，只需到网上去快速搜索一下孩子友好型的笑话，花一分钟时间就能得到一大串清单。另外，你也可以讲一些自己亲身经历的（合适的）笑话。还有，你可以让学生分享一些他们的笑话，但是学生讲的笑话必须事先得到你的许可。

你可以在某一天走进教室时说："咚，咚。"（"谁呀？"）"破碎的铅笔。"（"破碎的铅笔是谁呀？"）"别管他是谁，因为它没有尖了（原文是It's pointless. pointless属于双关语，本意是没有尖，涵义是不重要）"。做到这个多容易呀？谁关心这句话是不是陈词滥调？只要学生能笑一笑，就达到目的了。有些笑话需要跟学生解释一下，有些笑话似乎并不可笑，但是实际上它们向学生传递的信息是："这很幽默，但是我太酷了，笑不出来。"然而，这并不意味着学生们不欣赏你将笑声带到教室。

当我们喜欢自己所学的东西时，当我们有兴趣学习时，当我们向一个快乐的人学习时，我们收获良多。请记住，有幽默感并不意味着你很滑稽，只是表示你充满乐趣。在很多班里，课堂气氛都过于严肃。唯一的笑声是，当有的学生行为不当时学生发出的轻笑。每当这时，老师反而会很生气，所以笑声戛然而止。当然，你也没有必要一直笑。但是，每天与学生一起笑几次却很有必要。在设计课堂时，你应该将幽默嵌入自己的日常教学活动中。

科学告诉我们，笑能够减轻压力，增加内啡肽的分泌，提升免疫系统功能。你想成为一个更平和、更幸福、更健康的人吗？那就与学生分享笑声吧！

方法 43：不要试图做一个完美主义者

做什么

今天我们要你做的全部事情是，停止努力追求完美。如果你一直在努力追求完美，就总会有挫败感。挫败感会导致一种自我怀疑、自我厌恶或自我毁灭的心态，而这与优秀教师的心态正好**相反**。因此，请停止追求完美！

如何做，为什么这么做

请思考并接受这样一个事实：在教学艺术方面，没有人是完美的。在你的教师职业生涯的后半部分，甚至是整个人生的后半部分，你都会（也应当）继续学习如何教学。没有完美的教师，但是，有因为追求完美而感到疲惫不堪、迷茫与困惑的老师。

当然，也有非常高效的教师——优秀的教师。这些教师非常清楚自己的不完美，清楚自己的性格缺陷，清楚自己在某个领域知识的缺乏。他们每天都在努力提升自己，但并非追求成为完美主义者。他们也像其他人一样犯错，但只是努力不犯同样的错误。他们比完美主义者看起来更幸福，压力更小。这是因为他们设定了一个可以实现的目标，不断进步，而完美主义者因为不停地追求完美而感到挫败。

所以，你是否会放弃追求完美，并轻松地说 :“嘿，我并不完美。”然后却又继续完全像以前那样去做？我们努力变得更好，但是不要变得完美。如果所有的学生刚开始对某个概念弄不清楚，最后有一半的学生弄清楚了，这就是进步。但是，不要躺在这个荣誉上睡觉，而忘了还有另一半学生没有弄清楚。是的，我们期望所有的学生完全理解我们讲的每个概念，但是，如果这样的事发生后你才会有幸福感，那也许永远都不会有幸福感。

这本书的整体设计思路是，这里的每一个教学方法都经过优秀教师的课堂验证，它们能帮助你每天进步一点点，让你循序渐进地完成一个个小的任务，从而最终为你的教学效果带来具大影响。

方法 44：不要让学生看出他们惹你生气了

做什么

尽管我们知道被学生惹生气是经常的事情，但我们要求你，当学生今天惹你生气时，不要让他们看出来你生气了。

如何做，为什么这么做

事实上，我们都有生气的导火索，而且，有些学生就是在想方设法找到让你生气的导火索。这些学生通过我们的言语，尤其是通过我们的身体语言能够辨别出来：他们惹我们生气了。他们知道如何气得我们满脸通红，他们知道如何气得我们喘不上气来，他们知道如何气得我们怒目圆睁。有时候，他们甚至知道如何让我们提高嗓音，咬紧牙关。他们就是希望我们离开教师岗位，换个职业。当发生这样的情况时，这些学生就控制了局面，因此，学生的不良行为会继续升级。

但是，他们在激怒你，你该怎么办？尽管我们从来不建议你放任学生的不当行为，应当让他们对自己的行为负责，但是我们也一直建议你，应当以一种平和的、专业的方式处理他们的行为。我们不是要求你一直保持冷静沉着，而是要求你看起来冷静沉着（更多建议见本书第68个方法）。

看看这个例子：马克有一种惹你生气的不可思议的能力。在上课时，他不停地顺口突然说出荒谬的答案。他知道正确答案，但他就是想出风头，就是想控制你的情绪。面对这类学生，不要按照你通常的做法回应他。你应该把他叫到旁边，问他发生了什么事，并说一些这样的话："我知道你很聪明，但是你似乎没有理解上课时讲的概念，需要我在课间休息时再教你一遍吗？我不介意的。"我们都知道，马克是不会在课间休息时让老师再教一遍他已经知道的知识的。关键是，你的行为显示出，你认为他真的不懂。你的行为看起来似乎是，你觉得他在挣扎，你想提供帮助。

当学生看到无法激怒你时，他们就停止这种恶作剧了。如果你不这么做，课真的很难上。

一整天都试着这么做，无论什么时候，无论哪个学生激怒你，你都心平气和地去处理。如果你这么做有困难，就回忆一下本书第35个方法中的相关内容。

方法45：有好消息就给学生的父母打电话

做什么

通常，最简单的行为却能收到最佳效果，方法45就是一个简单的行为。挑选一个学生，给他的父母或者家庭成员打个电话，告诉他们这个学生做的一件好事情。一定要保证，打电话时一直保持微笑，因为电话那边也能听到你的微笑！

如何做，为什么这么做

“噢，不，老师来电话了！”令人悲伤的是，当父母看到自己手机上出现老师或者学校的号码时，经常会有这种反应。这是因为，老师与学生父母之间的大多数电话内容都涉及负面的消息。然而，我们是可以做点什么来改善此局面的。也许不是每天都做，但一定要经常做。

挑选一个在学校里表现或者行为不那么好，父母常常听到关于他的负面消息的学生。现在，找一件这个学生做的好的事情：也许这个学生在数学测试中得了B，也许你发现他以某种方式在帮助另一个学生，也许他按时上交了家庭作业，也许这个学生连续三天都带来一支铅笔供班里使用，任何一件小事都可以，学生没有必要打破世界纪录才能赢得老师打电话给家长报喜的机会。如果学生在学校留的监护人电话既有母亲的，也有父亲的，那么你可能要考虑到底要打给谁。如果你打电话时父母在上班，可能的情况是，他们会把这个好消息传递给整个单位！

请记住，每次当你表扬人时，至少两个人会感到高兴，其中一个人就是你！在使用这个方法时，至少三个人感到高兴：你、学生的父亲或者母亲、学生。当赞扬通过家庭成员向外传递时，这个数字会呈几何式增长。现在，你已经跟这个学生的家庭建立了更友好的关系。当某天你不得不告诉家长不太好的消息时，这个友好的关系就会派上用场……

方法46：
让学生觉得你很“真实”

……一旦你变得真实，你就不再丑陋，除非人们不懂得这个道理。

——玛格丽·威廉斯《绒布兔子》

做什么

我们在学生眼里变得越“真实”，我们与学生进行交流的机会就越多，教学效果也就越好，对其他人展示“真实”的一面是建立良好关系的基础。因此，我们向你展示如何采取简单的方法，一步一步地让学生觉得你更“真实”。

如何做，为什么这么做

学生经常无视这样一个事实：他们的老师过着跟在学校里不一样的生活，他们甚至不能确定我们是否属于人类。他们似乎认为，我们住在学校，靠学校的午餐生活！所以，我们必须将自己“真实”的一面展示给他们。

下面是两个让学生觉得你更“真实”的例子：

1. 在教室的墙上贴一张“关于我的一切”的海报。如果你喜欢，可以把整个公告栏都占满。贴几张你家庭成员的照片（请一定不要贴海滩上穿着比基尼或者泳裤的照片），或者列出几件你喜欢做的事情，你的爱好等。展示一下你获的奖，或者你的毕业证书复印件。

2. 给他们讲一些你自己的故事。学生喜欢听故事，故事使我们更像是生活在现实生活中的真人。

一旦你的学生认为你是“真实”的，那么他们就会表现良好，学习成绩也就上去了。事实是，如果你是关心他们的“真实”的人，他们就不会让你失望！

一旦你是真实的人，就再也不可能变得不真实，它将永远保持下去。

——玛格丽 · 威廉斯《绒布兔子》

方法 47：
不要将你教室外的苦恼带到教室里

做什么

每天，老师都要调动班级气氛、情绪和活力，这已经不是什么秘密了。老师在课堂以外还面临很多现实生活的苦恼，这也不是什么秘密了。这就是为什么对老师来讲非常重要的是，要把以下两种生活分开——“教室外”的生活和“教室内”的生活，尤其是当“教室外”的生活涉及到负面的事情或者艰难的事情时。做到这点容易吗？不容易。有必要吗？绝对有必要！

如何做，为什么这么做

我们要面对这样一个事实：你是一个真实的老师，一个真实的人，有着真实的苦恼。也许，你正在经历一场痛苦的分手；也许，你家里有一位亲人生病了，你特别担心；也许，你在今天早上催促孩子上学前，还为孩子之间的争吵做了回裁判；也许，今天早上醒来时，你发现自己得了轻微的头疼，这些都是你时不时要面对的真实问题。但是，非常重要的是，你不能将这些教室外的苦恼带到教室里。

学生也有自己的生活、自己的问题，所以，他们当然没有义务承担你的苦恼。我们都知道，有些教师将自己的不良情绪带到教室，影响学生，使这些学生总是在课堂上惹麻烦，因为教师破坏了课堂气氛。

有两种方法保证你不会让自己的不良情绪或者个人问题影响学生：

1. 提醒自己，学生也有自己要面对的问题，他们需要你每天都展示给他们最好的一面，而不是只有在自己情绪好的日子里。

2. 请牢记微笑的重要性，即使你感觉心情不好，也要假装心情好（参见本书第35个方法）。

假如有一天你的心情特别不好，到了无法假装心情好的程度，最安全的方法是，那天不要去学校上课。

方法 48：忽视鸡毛蒜皮的事情

做什么

在任何一堂课、任何一天，都会发生许多学生做的不尽如人意的行为。如果这些恼人的小问题你全都要处理，那么就会发生两件事情：（1）你基本没有时间教学；（2）你总是在为这类小问题鼓劲加油。但是，通过忽视的方法，就能够化解大多数小问题。下面我们会告诉你该怎么做。

如何做，为什么这么做

如果一个学生在桌子上敲打铅笔，那他通常是故意这么做的，他就是想得到老师的反应。如果你的反应是负面的（譬如当面批评他），他可能会继续这种行为。也许他现在停止了，但是以后他会继续做，声音更大、节奏更强。当你一转身背对着他，他就开始敲，当你转过身来对着他，他就停止。他大胆地挑战你，让你无法证明他是元凶。你不要批评他，相反，你根本不要理会他，这些行为更多的是干扰其他同学而不是干扰老师。但是，如果其他同学受到了干扰，开始抱怨，那么你就要与这个捣蛋鬼私下沟通。你应该这么说：

我甚至没有注意到你敲桌子，因为我喜欢音乐，喜欢节奏。但是，我需要每个同学上课时都集中精力。告诉你一个小方法：用手指头在你的腿上敲，这样不会弄出声音。我有时候也这么做。

你知道你这么做的好处了吗？你把学生敲打桌子的“乐趣”取消了，因为你也“喜欢”这种行为，你甚至帮助他以一种更安静的方式继续这种无害的行为。

以下是几种其他的类似行为，通常也可以忽视。

- 学生懒散地坐在座位上。
- 当你让学生赶快做作业时，他们含糊不清地咕噜几句。
- 用眼睛瞪其他学生，或者怒视其他学生。
- 学生发出一些可笑的声音。
- 两个学生偶尔交头接耳说几句话。
- 两个学生因为彼此之间在玩笑而笑几声。

我们能够举出几百个这样的例子，关键是，很多行为都无伤大雅。而且，一旦学生意识到老师根本没有受到干扰，他们就会停止这些行为。即使这些行为干扰了你，你也要假装没有受到干扰。

方法 49：跟学生单独交流

做什么

我们花在学生身上的时间几乎都是跟全班同学在一起的时间，我们勤奋工作，以便我们根据不同情况发出不同指令，给予不同的学生不同的关注。但是，有一个步骤——一个关键步骤，我们经常忘记，我们忘记跟学生私下里单独交流。也许我们没有真正忘记，但是常常没有时间。我们给你提供一种方法，让你能够跟学生单独交流，给每个学生提供个性化的反馈，但却不会花费你额外的时间。

如何做，为什么这么做

我们建议的交流大约每次占两分钟时间，交流都是在上课时进行，当其他学生在独立完成作业（或者进行小组活动）时。下面向你展示如何做：如果你每天有一次课，那就每次课计划与两个学生交流，每个学生两分钟。假如你班里有三十个学生，那么，你需要三周时间就能与每个学生交流一次。因此，你全年可以与每位学生做好几次交流，即使你仅仅做一次，也比什么都不做要好得多。你要事先正式告诉学生，你要跟每个学生单独交流一次，目的是给他们反馈，同时也想听听他们对你的反馈。你甚至可以将与每个学生交流的日程表公布给大家。如果你有四个、五个或者六个班级，每个班级三十个学生，你自己也许要保留一份日程表，或者在你的记分册上做个记录，保证不要落下任何一个学生。

下面是跟学生单独快速交流的例子。

◆ 确定学生的某个强项，告诉他/她，你注意到了这个。

◆ 确定学生的某个弱项，告诉他/她，你会帮助他/她改进。

◆ 允许学生向你提问，或者给你反馈。

◆ 最后告诉学生，你特别喜欢教他/她，并会继续尽最大努力帮助他/她成功。

这样简单扼要的交流方式，仅仅花费你几分钟时间，就能给学生传递一个重要信息：**我的老师注意到了我，关心我，愿意帮助我成为最好的自己，并且喜欢教我。**每个深信这个事实的学生都会更努力地学习，更好地表现，认为自己很重要。

方法 50：
“炫耀”你的学生 *

做什么

你想要改变学生的不良行为吗？那么，就在其他人面前夸夸你的学生的良好行为吧。记住，要当着你的学生的面！

如何做，为什么这么做

这个方法特别简单。无论哪位来访者（学生父母、你的同事、学校管理人员等）走进教室，抓住机会，通过如下类似的话来增强学生的积极行为：

这正是我要向你“炫耀”的班级。每天中午，他们都排好队，静静地走进学校食堂。对此，我感到特别自豪。另外，他们是勤奋的读书者，看看他们这些已经读过的书。

学生听到你在其他人面前表扬他们，会帮助你加强与他们之间的良好关系，也会鼓励他们继续保持良好行为。

另一个方法是，告诉学生，你最近表扬了他们。

昨天，我向其他教科学的老师表扬了你们。我告诉他们，你们做的生物项目是我见过的最好的项目之一。我还告诉他们，你们特别注重细节，也合作得非常好。

你也可以告诉你的学生，上个周末，你在家里、在校长面前，甚至在教育局督导面前表扬了他们。

记住，对待学生要假定他们已经成为你所期望的那样，你就增加了他们实际会成为这样的学生的机会！

当你的行为表现出学生实际上比现在好很多时，他可能就是会变得比现在好更多。

假装认为学生比现在更乐于助人，他可能会变得比现在更乐于助人。

你的行为应该告诉学生，他们他会实现所有目标。

因为，一旦你帮助他树立了这个信心，就没有什么能阻止他。

＊此部分改编自布鲁肖和威特克尔的著作《改善学生课堂表现的50个方法》。

方法51：
邀请学生来自己的班级上课

做什么

大学体育招聘人员和专业体育招聘人员是怎么进行招聘的？他们去寻找有天赋的运动员。当他们发现这样的运动员时，就会尽一切努力让运动员感到他很特别，感觉到对方想要他、需要他。招聘者的目的是劝说每位运动员，招聘者所在的体育团队是最适合运动员的，运动员在这个团队里会感到非常幸福，而且将会获得最大的成功。今天，我们将给你展示一下如何“招聘”未来的学生，让他们感到你的班级是他们最想去的班级，也是他们最需要的班级！

如何做，为什么这么做

在本书方法66中，我们将向你展示如何像优秀的教练一样教学。但是首先，我们想向你展示一下如何像优秀的招聘者一样招收学生。需要明确的是，我们的确意识到，你可能没有能力挑选下一年教的学生。但是，如果你的行为看上去你似乎有这种能力，学生就会相信，你的班级就会成为他们想加入的“团队”！

以下是**招聘**下一年学生的**四个简单方法**：

1. 在学校走廊里碰到学生时，跟他们交流，或者在吃午饭时、课间休息时、在校车上时跟他们交流。

2. 问他们的名字，并介绍你自己。

3. 每天在校园里都尽力向学生微笑，因为学生会注意到这点，并做出积极反应。

4. 当你路过其他教师教的班级时，停下来，对碰到的学生说，你希望他们下一年成为你的学生。

另外，如果你将本书方法61融合进来，那么，人人都会认为你是全校最专业的老师，你就走在了其他人的前面。拥有一流的声誉，再加上你努力使学生感觉你的班级就是他们想去的地方，就会有学生请求加入你明年的班级。如果他们想加入你的班级，你的战斗就成功了一半！将一份“教师信条”（本书方法56）贴到教室门外的墙上，这个信条本身就会为你的招生宣传做很大贡献。就像对待明星一样对待你未来的学生，当他们加入到你的团队后，他们就可能表现得像明星。

方法52：
让学生用表情符号评价你

做什么

如果你真的想知道（你很有必要知道）学生对你总体的评价如何，让他们通过表情符号告诉你。这是我们从一位熟知的优秀教师那里“偷”到的理念。

如何做，为什么这么做

所有的学生都会用“表情符号”，我们应当使用这个信息了解学生到底是如何评价我们的。在本书方法7中，我们向你展示了如何获得某节课学生对你的反馈。在本书方法31中，你收到了学生对你教学的反馈。今天，我们向你展示一下，如何通过一个最简单的方法了解学生对你整体教学的真正感觉——一切都通过表情符号。

告诉学生，你一直在努力提高自己的教学水平，所以知道他们对你的评价非常重要。你向他们保证，这个问卷是匿名的，他们要诚实回答。然后，给他们如下表情符号评价表（给学生发放这些表情符号表，学生做完后，指定某个学生收齐，下课时放到你的桌子上）。

关于学生对你的评价，你可能永远也不会得到一个比这更简洁的评价。当然，你的目的是得到所有左边的表情符号，如果没有，将这作为自己教学的下一个努力目标。

方法 53：参与学生的生活

做什么

看到这个题目后不要惊慌，这个方法几乎不花费任何时间！多数教师想参加一些学生的课外活动，以便表明自己支持学生。但是，他们常常没有时间参与这些活动，他们有自己的家庭，跟家庭成员在一起的时间本来就有限。好消息是，我们有一个方法，既能帮助你参与学生的生活，又不花费你的宝贵时间。

如何做，为什么这么做

例如，周五晚上有一场规模很大的棒球比赛，你的大多数学生和他们的父母将去看这场比赛。但是，你想跟你的家人在一起，因为几乎快一周没有跟他们见面了。试试以下方法：去看棒球比赛，只看十分钟。出现在赛场，四处走走，尽量跟更多的人打招呼。让人们看见你，然后离开。不用担心有人看见你离开，告诉学生，你有其他事情要做。支持学生是很重要的，你去了赛场，在那里待了尽量长的时间，关心了一下哪队赢了。向学生展示这些就够了——这表明你对学生的生活感兴趣！如果你无法去赛场，那也要在周一问问学生有关球赛的事。

在本书方法4中，我们建议你了解每个学生的一件事情。方法53与它一起用效果最佳，因为这显示出你对他们感兴趣的事情感兴趣。大多数情况下，你可以参与他们的课外生活，但没必要亲自参加。如果塔拉告诉你，她喜欢舞蹈，周末经常进行比赛，那就问问她，下一场比赛什么时候进行，然后在你的日历上标上记号，并在比赛的前一天让人提醒你。在比赛前一天，祝愿她比赛顺利，比赛后她回校时，问问她比赛情况如何。这个方式有助于表明，学生对你很重要，这花费不了你多长时间。

如果你无法把所有学生的活动都在日历本上标出，那就只管告诉他们，在重要事件或者活动发生的前一天，让他们提醒你，以便你祝愿他们一切顺利。你可能会很吃惊地发现，很多学生实际上会记住提醒你！

方法 54：积极帮助学生

做什么

我们永远不要假设，当我们的学生（无论什么年龄）需要交流，需要获得某个新想法，或者需要某个方面的建议时，他们知道他们可以来找我们。如果有事情发生，他们需要知道他们可以信任我们，并对我们有信心。所以，花几分钟时间告诉学生，如果他们需要帮助，尽管来找你。

如何做，为什么这么做

如果你告诉学生，他们需要交流时可以来找你，那么，所有的学生都会来找你吗？不太可能。但重要的是，让他们知道你可以做到这点。我们都遇到过一些老师，他们让我们感觉自己不太受欢迎。对于这些老师，我们永远不会找他们帮忙。可我们还遇到过一些乐于助人的老师，他们愿意花时间帮助我们。无论学生遇到的问题是否与学校有关，他们都需要知道，在这个校园里有成年人**愿意**帮助他们。

偶尔会发生这样的事情：学生透露的事情，按照法律（或者根据良知），你需要向有关部门报告。在这种情况下，你告诉学生，你不得不报告——不仅是因为这是你的职责，而且还因为你关心他/她，想保护他/她，这不会让学生认为你不值得信任。当学生来找你，并告诉你他们处于危险之中时，他们实际上是希望你帮助他们，即使这意味着你可能会将他们告诉你的事情向有关权威部门报告。

有些学生有问题时，不愿意找你帮助，因为找人帮助会让他们感到不舒服，他们向任何大人寻求帮助都感到不舒服。也或者，他们不知道**如何**请求帮助。在本书方法57中，我们将向你展示，如何给学生机会，让他们与你分享他们面临的挑战，而不必亲自来找你帮忙。

有时候，学生需要的就是一个听众。学生离开时经常说：“非常感谢您帮我解决了问题。”你却在想：“我也没有帮你什么呀，我不过听你说罢了。”实际上，你确实帮了学生的忙。你花了时间，并专心听他讲话。倾诉过后，学生感觉好多了，他认为是因为自己有价值老师才听他讲话的，他把你看作英雄！

方法 55：帮助学生确定个人目标

做什么

有目标的人，尤其既有短期目标又有长期目标的人，比没有目标的人，会取得更大的成就，这是非常明显的。但是，很少有老师帮助学生确立他们的目标——学习目标和未来目标。今天，你会发现学生的梦想到底是什么。梦想先于目标，只有先有了梦想，然后才能确定目标实现它。

如何做，为什么这么做

需要明确的是，梦想与愿望不一样。例如，“我的愿望是我的父母让我做我想做的任何事情，而不惩罚我”。这就仅仅是一个愿望。我们希望，孩子的这个愿望永远不要成为现实。但是，一个类似“有一天我想成为一个素食者”的梦想就可以去实现。如果你知道某个学生有这个特殊的梦想，那么，你就可以鼓励她/他、帮助她/他从实现一个个小的目标开始努力，直至最终实现梦想，即使那个孩子是一年级学生！她/他可以开始阅读有关素食主义的书籍，学习所有有关动物的知识，她/他还可以拜访某位素食者，并提问问题等。重要的是，作为教师，你能做如下事情：

1. 让学生与你分享他们的梦想。以这个梦想为基准，你可以帮助他们确定要达成的一个个目标。

2. 让每个学生写下两个目标：**在这个班上**我希望实现什么目标，未来**我的一生**希望实现什么目标。让他们写两份，你留一份，让学生留一份。

3. 偶尔问一下学生有关他们的目标的相关事项，包括他们实现这些目标的计划，采取一切方式帮助他们。但是请记住，有时候最好的帮助是让他们知道你相信他们。

如果你担心没有时间做这件事，那么，将这件事与目前你正在教的东西联系在一切。关键是，让学生写下他们的目标。既然你手头有一份学生的目标，那么，你可以在任何你认为有必要的时候给学生一些额外的鼓励或者激励。有远大梦想并朝着这个目标奋斗的学生，学习会更专注，更容易受到激励，更有希望。整个班级的学生都会以目标为导向，专注学习，奋发向上吗？当然！而且这就是我们希望的！

方法 56：向学生展示教师的信条 *

做什么

任何老师都能够做到的事是，向学生做出一些承诺，然后把这些承诺贴在教室的墙上。接下来我们将与你分享一个“教师信条”样例，你可以使用我们的，也可以自己创建一个。

如何做，为什么这么做

以下是一个“教师信条”样例。许下承诺，然后公开展示给所有学生。

对你们的承诺，我的学生们

我承诺要友好，并经常微笑。

我承诺关心你们每一个人。

我承诺要有耐心，并理解你们。

我承诺当你们有困难时会帮助你们。

我承诺要公平地对待所有学生。

我承诺我是值得信任的。

我承诺从不对你们大喊大叫。

我承诺让你们的学习充满乐趣，富有意义。

我承诺我不会让你们在同伴面前感到难堪。

我承诺要让你们挑战自己，使你们成为最好的自己。

我承诺尽我的最大努力，帮助你们成功。

并且，我承诺，无论发生什么事情，我都永远不会放弃你们。

请放心，学生们会相信你的承诺。也请放心，如果你信守这个信条的承诺，就会成为每个学生都喜欢和热爱的老师！

*此部分改编自布鲁肖和威特克尔的著作《万人迷老师养成宝典》。

方法 57：
让学生很容易寻求到老师的帮助

做什么

这是这部书中最简单的方法之一，它只是涉及到给学生一个一句话的陈述句，允许学生填在空白处。陈述句如下：“我想在以下方面得到帮助：____________________________。”

如何做，为什么这么做

正如我们在本书方法54中所提到的，有些学生经常不愿意来请求你的帮助，即使你跟他们说清楚了，如果他们需要帮助，你随时可以帮助他们。有时他们可能遇到了难事，想得到你的帮助、指导，或者忠告，但是，一想到求老师帮忙，他们就感到为难。这个活动的设计就针对这些同学的问题展开。

每天在下课之前，花几分钟时间，说如下的话。

我的主要工作是帮助你们每一个人成为最好的自己。人无完人，我们都有事需要他人帮忙。也许在课堂上你不明白某个方法，需要帮忙；也许你和同学之间出了问题，需要帮忙；也许你上课总是坐不住，需要老师建议你如何打发多余的精力。也可能是任何其他事情，与学校有关的或者无关的。花一分钟时间，想一件你最需要帮忙的事情，写在纸条上句子的空白处。我要把这些纸条收起来，逐一阅读，然后尽最大努力来帮助你们。

然后，给学生每人一张纸条，上面写着一个句子“我想在以下方面得到帮助：____________________”。或者，你让他们将这句话写在自己的纸上，在空白处填上需要帮忙的事情，告诉他们走出教室前交给你。

但是，如果出现几个学生什么也不写，因为他们不需要任何帮助，怎么办？这没关系，你只是在以一种非强迫的方式给那些需要帮助的学生一个寻求帮助的机会而已。

方法 58：在一夜之间重塑自我

做什么

教师常常对自己要求严格，他们对自己过去犯的错误感到痛惜，经常用这些错误鞭打自己。今天，请提醒自己：你的过去是**曾经的你**。不要再用过去的事情鞭打自己，你可以在一夜之间重塑自我，变成每位学生都想要、都需要，也都值得拥有的老师。当然这并不是说，你已经是一位出色的教师了。但是，所有优秀的教师都在朝着一个共同的目标不懈努力——每天都进步一点点。

如何做，为什么这么做

当然，我们在课上经常会做一些事情，或者对学生说一些话，做完或者说完后立刻就后悔了。我们中没有人是完美的人，正像所有优秀教师都希望学生每天像一张白纸开始学习一样，你也要提醒自己，每天以一张白纸的心态开始。在这个方法中，我们要向你展示，如何快速重塑自我，让你的过去真正成为过去。

譬如说，在日常工作中你显得不那么热情，不那么充满正能量，通常，你甚至有点消极。当然，学生也注意到了这点，因为学生能够注意到**一切**。你是否会觉得时机太晚了，你不会发生什么改变了？我们想告诉你，不是的。事实上，教室是最容易重塑自我的地方。只要你一连几天展示一个新的行为，学生就相信你变成了一个新人。学生年轻、天真、容易信任别人，无论你目前多么消极悲观，只要你连续几天展示出自己积极乐观的行为，他们就会“买账”，觉得你已经改变。当你展示自己全新的、积极的形象的第一天，你会看见他们脸上吃惊的表情。第二天，他们会想，这是不是**全新的你**。到第三天，他们就习以为常了，并感激你已经成为一名全新的、素质提高了的、积极向上的榜样。

当我们展示一个新的行为时，成年人几乎不会这么快相信我们。当你回家时，展示一个全新的、素质提高了的自己，家里的每个成年人都会半信半疑，时间将一直持续六个月！幸运的是，学生不会这么多疑。教师很容易在教室里塑造一个全新的自我，使自己的形象在学生眼中有所提升。

方法59：
进行游戏式教学

做什么

没有人怀疑，越有趣的东西越有吸引力，因此，我们有充分理由尽我们最大的努力，让我们的课堂充满乐趣。你的课堂越有趣，你的学生越期待上你的课；你越风趣幽默，你的学生跟你的关系越好；学生跟你的关系越好，学生的学习成绩就越好。

在本书方法40中，我们展示了如何通过偶尔的抽奖活动来提高课堂乐趣。今天，我们来介绍一下，如何通过将课堂活动转变成游戏的方式，在任何一天的任何时间，随时提高课堂乐趣。

如何做，为什么这么做

如果将任务变成游戏，那么几乎所有的任务都会很有趣。你是否注意到，一个刚刚学步的小孩经常选择在锅上敲勺子，而不去玩你买的昂贵的高科技玩具？因此，这些游戏不必非常奇特古怪，也能吸引学生的注意力。

各个年龄段的孩子（包括大人）都喜欢玩游戏。在网上快速搜索术语“课堂学习游戏”，会使你大吃一惊：富有创意的电子产品几乎能将所有课堂活动变成学习游戏。

有一些在课堂上玩的流行游戏和老式的棋类游戏，还有一些学生很喜欢玩的危险境地、一字棋、拼字游戏、看图说词，凡是你能说出的游戏，几乎都能在网上找到。还有无数的APP，也能够提供你所教授的一切游戏，有些APP甚至能将问题和单词转换成智力竞赛节目格式。最重要的是，它们都是免费的！

以下是一个将测试评估转换成游戏的简单方法。拿几个电子蜂鸣器（或者使用蜂鸣器APP），将学生分成几个小组。然后提问问题，让他们竞争，谁说出正确答案，谁的蜂鸣器先响。当你把测试评估转换成竞争游戏时，学生就会期待着参加这样的测试，就会准备得更充分！当你的教室成为一个乐趣横生的地方时，学生就期待着每天都来上课。从游戏开始，让每个人都成为赢家！

方法60：告诉学生你不会怀恨在心

做什么

如果你根本不是一个爱记仇的人，但你不告诉学生，学生就不会知道。即使你是一个对事情难以释怀的人，也告诉学生，你不是这样的人，然后假装你真的不是，并且通过行为表现出你真的想让事情快点过去。

如何做，为什么这么做

学生不喜欢有人抓住他们过去的行为不放的那种感觉，如果有人抓住他们的过去不放，他们就会变得对那人充满怨恨，防着他，不信任他。产生怨恨、总是防着别人、不信任他人的学生一定会出现行为问题，他们也会学得对别人怀恨在心。

在我们的班级，我们一定要保证学生的每一天都是全新的一天，过去的已经过去，一切已经结束。我们需要保证，老师是成熟的成年人，不会对他们的过去耿耿于怀。

比如说，有几个学生考试时作弊被抓，随后会有相关的惩罚。他们知道，你对他们很失望。他们可能认为，你会以此否定他们。这时需要告诉他们，你每天都会把往事一笔勾销。我们每个人都会犯错误，偶尔还会做出错误的决定。重要的是，我们从错误中汲取教训，未来会做得更好。

如果你身旁有人不停地把你过去的事翻出来烦你，你就很难进步。告诉你的学生，你有“选择性健忘症”。他们做的一切**好**的事情，你都记得住；他们做的一切**不好**的事情，你都记不住。说一次根本不够，但是至少已经做好铺垫。你要继续让他们相信，你会通过你的言语和你的行为，向学生表明，你不会怀恨在心，你每天都会给每个学生全新的一天。

如果某个学生做了不对的事情，并且已经受到了惩罚或者谴责，一定要提醒那个学生，这件事已经过去了。“让我们从中汲取教训，用这个教训为未来做出更好的选择。”然后笑着说：“真等不及和明天的你见面！”

方法61：
成为全校最专业的教师

做什么

每所学校的每位教师都有自己的名声，作为教师，一个好的名声对于你的成功和你与学生的关系至关重要，一个坏名声则像毒药一样。简单地说，一个好名声没有任何坏处，一个坏名声则没有任何好处。获得并保持一个好名声的最简单方法是，成为全校最专业的教师。下面我们给你展示一下如何做。

如何做，为什么这么做

刚开始，你可以参考本书方法58，在那一章里，我们讨论了如何让过去成为过去。如果在过去你做了一些不太专业的事情，那就让它们成为过去。从今天开始，你只需要投身于几件事情，不久就会重塑你的良好形象，将你快速提升到专业人士的高度。

成为学校最专业教师的七种简单方法：

1. 赞美别人的优点。

2. 正面评论别人。

3. 避免下列行为：传播流言蜚语、抱怨、愁眉苦脸。

4. 在学习和成长的过程中，愿意改变自己的思维方式。

5. 在你的认知范围内，对学生做正确的事情和最好的事情。

6. 持之以恒地保持自信、称职及值得信任。

7. 说话、穿衣和行为都像一个真正的专业人士。即使有时候你心情不好，也要这样做。

如果清单中的有些行为让你感到不舒服，在这些行为前面做个标志，表明这些方面还需要改进，然后开始朝着这个方向努力。如果你在学校已经获得最正面的专业声誉，那就做如下两件事情：第一，表扬自己一下；第二，承诺要变得比现在更好。毕竟没有哪位教师会因为自己太专业而有风险，或者因为自己的名声太好而有风险。

方法62：教学生如何思考

做什么

我们都知道一个永恒的格言："授人以鱼，不如授人以渔。"将这个原理带入课堂，玛格丽特·米德说："教孩子如何思考，而不是思考什么。"教学生如何思考不需要花费额外时间，只是需要意识到这样做的重要性。如果鼓励学生独立思考，那么他们就会在这种教学环境下茁壮成长。

如何做，为什么这么做

刚开始，你可以想象一下：如果你教给学生某种知识，学生掌握了这种知识，但却不知道用这种知识做什么，结果会是什么？如果你教给学生如何通过思考、分析、解决问题以及进行创新获得知识，那么这些原创知识的使用范围就是无限的。作为老师，我们的主要任务不是教学生像我们一样思考，而是教他们为自己思考。学生可能知道5×5=25，这是知识。但是，他们知道这是什么意思吗？他们知道这是“5的5倍吗”？他们知道如何使用乘法技巧解决新问题吗？

我们需要帮助学生明白他们自己的思维过程，然后用到需要他们为自己思考的情景中。以下是几个简单的问题和提示，帮助学生思考他们的想法。

“你是如何得出这个结论的？”

“是什么改变了你的想法？”

“为什么？”

“能告诉我你为什么写这个故事吗？”

“你是如何得出这个奇妙的想法的？”

“犯这个错误没有关系，但是，我们一起分析一下，是什么导致你犯这个错误，我们一起看看你每个步骤的思维过程。”

通过教学生如何思考，满足他们的好奇心，激发他们的创造力，我们就超越了让学生背诵一些事实。一旦他们知道如何调查、分析、用自己的想法解决问题，那么，他们就能够透过表面现象看到本质，就能够找到解决问题的办法。现在，他们吃饭的盘子里就装满了他们自己钓的鱼。

方法 63：
允许学生犯错

做什么

一位高中教练跟我们分享了他与队员一起唱的一首歌，每当他们犯错，或者输掉比赛时，他们都会唱这首歌："已经结束了，已经完事了。再见！已经过去了。吸取教训，继续前进。"

跟你的学生一起唱一首类似的歌，或者至少让他们接受这首歌的哲理："犯错也没有关系"。

如何做，为什么这么做

一般来讲，学生痛恨犯错。当他们犯错时，就会感到自己是失败者。有时候，他们会疯狂，会发火，或者彻底放弃。"我试卷上的改正符号等同于糟糕的成绩，所以，这怎么能是好事情呢？"尽管我们不建议你停止测试，但是我们建议，你需要帮助学生理解试卷上的"红色符号"（一般表示错误）

表示的是信息和机会。你每次犯错，都表示你有机会进步。在错误面前你可以选择成长，也可以选择堕落；你可以选择学习，也可以选择停滞；你可以选择全力以赴，也可以畏缩不前。好消息是，我们可以选择如何**利用**错误前进。但是，在很多课堂上，老师忘记“教”学生这个理念：所有的错误都会通向成长、激励和创新。

告诉学生以下观点：

不要让错误击败你，相反，让错误帮助你成长！犯错误能让你承受更大的风险，能让你更好地解决问题。所有聪明的、成功的人士都能承担风险，都能出色地解决问题。所以，我欢迎你们犯错，也会经常感谢你们犯错！实际上，你们的错误会帮助我们所有人成为更好的思考者、风险承担者和问题解决者。

你可以告诉他们历史上几个著名的犯错误的例子：盘尼西林、便利贴都是因为幸运的过失而被发现的；飞机上的窗户原来是方的，现在是圆的；泰坦尼克号上没有足够的救生艇，因为他们认为它永远不会沉……跟学生分享几个你自己犯的错误，告诉学生你是如何从错误中学习和成长的。这样，学生就会说：“嘿，如果老师都犯错误，那我们学生犯错误也是正常的。”

你应对错误的方法可能会成为**学生**应对错误的方法，教会学生拥抱错误，利用错误解决问题。要在你的班级营造这样一种气氛：犯错误**很酷**！

方法 64：
发现并赞扬学生的优点

做什么

某天，当学生进入教室时，递给他们一张“亲爱的____________”便条，上面写着一句话：

“亲爱的____________，

你有很多优点我都很喜欢，其中的一个优点是____________________。”

如何做，为什么这么做

这个简单的便条对学生有深远的影响。把这个便条打印出来，按照学生数量复印，一一将内容填上。如果你担心这会花费很多时间，那么我们就给你展示一个不需要额外花费时间的办法。用几周时间填写，然后再交给学生。在上课时，学生独立完成作业期间，你四处走动监督学生，这时可以填写几张便条，每张便条不超过三十秒钟。不管怎样，你都需要四处走动，你都需要待在教室里，所以它没有花费你额外的时间。

请注意，便条上写的是“你有很多优点我都很喜欢，其中的一个优点是____________”，便条上没有说“我喜欢你的很多优点是____________”。这里有两个关键要点：(1)你说的是很多优点之一，而不是只有一个优点。这样，你就是在告诉学生，你喜欢他们的很多优点，但是这里只说其中之一。(2)你列出了你喜欢的每个学生的具体的优点。

举例如下：

亲爱的玛莉，

你有很多优点我都很喜欢，其中的一个优点是，当你需要帮忙的时候，你不害怕寻求帮助。这需要勇气，同时说明你很成熟！

当所有学生都收到便条后，问一下学生是否可以将这些便条贴在他们的照片旁边（见本书方法16）。有些学生渴望将便条贴在墙上，但是如果有些学生不愿意贴在他们的照片旁边，那就不要贴，有些学生可能想把这个便条贴在自己家中的床边。但是，我们要清楚，这个便条告诉学生，你注意到了他们的优点，这对每个收到便条的学生都有特别的意义。学生越感到自己特别，你就越能看到他们所表现出来的最好的一面！

方法 65：假定学生没有过失

做什么

假定某人无过失是有好处的——尤其当这个人是学生时。今天，我们向你展示一下如何假定学生无过失，即使你**非常清楚**学生有过失。

如何做，为什么这么做

如果某人真有过失，你如何假定他没有过失？这是一个矛盾体。偶尔会发生这样的事情，你的确知道某个学生做了错事。例如，当你说："我知道，当你那么说时，你并不是故意伤害沙玛的感情。但是，事实上，你的确伤害了她。我认为你清楚这点，请向她道歉。"在这种情况下，你实际上是"假装"那个学生无过失。这样做的结果会怎样？实际上你给了这个学生三剂假定无过失的药：你假定他不是故意的，你假定他知道自己伤害了沙玛的感情，你假定他会道歉。

这么做的结果会比如下的做法好很多："我知道你是故意伤害沙玛感情的，去向她道歉。"

有时候，你怀疑某个学生做错了事，或者怀疑他要做错事，但是不能肯定。你的行为要看起来似乎是，你相信学生的目的是好的。例如，你看见某个学生离开了自己的桌子，你几乎肯定他要去跟另一个学生争吵。你这样说："韦恩，我知道你要去帮助乔乔，谢谢。我很高兴，你们能相互帮助。"几乎肯定的是，韦恩会做如下事情之一：(1)他会转过身，回到自己的座位上；(2)他会真的帮助乔乔。

在大型的学校会议之前，请说如下类似的话：

我刚刚向其他老师表扬了你们。有些老师说，他们担心他们的学生会在明天的会议上说话。我告诉他们，我根本不担心，因为我相信我的学生会表现良好。所以，同学们，明天所有人都会观察我们，因为你们已经有点名气了（关于更多向其他人"炫耀"学生的例子，请参考本书方法50）。

为了教学生，我们首先必须了解他们。只有我们信任他们，他们才会信任我们。有时候，表明你信任学生的最好的方式是假定学生无过失，或者至少假装假定学生无过失！

方法66：像出色的教练一样教学

做什么

出色的教练和出色的教师相比其他职业有更多的共同点，除了场地和内容不同，出色的教练和出色的教师几乎没有区别。今天，我们向你展示一下，正像所有出色的教练一样，如何教学才能获得最好的效果。

如何做，为什么这么做

我们比较一下一位出色的橄榄球教练和一位出色的教师，看看他们有何相同之处。

◆ 比赛时，教练在哪里？坐在桌子后面？根本不是。教练在球场边前后走动、监督、呼喊、鼓励球员、给球员加油。在上课时，出色的教师在哪里？坐在桌子后面？根本不是。教师在教室里四处走动、监督、指导、鼓励学生、给学生加油。

◆ 教练如何设计一场比赛？写一个比赛计划书——非常详细，既包括正常比赛计划，又包括一旦出现意外时的比赛计划。老师如何设计一堂课？写一个课堂设计——正常的课堂设计，以及一旦出现意外时的课堂设计。

◆ 如果球员在比赛时没有成功，教练怎么办？教练要求“暂停”，当场重新指导球员。如果学生在上课时没有成功，出色的老师怎么办？老师停止教学（类似“暂停”），当场重新指导学生。

◆ 在比赛甚至在训练时，一个典型的教练会进行多少次励志演讲（鼓舞士气的讲话）？很难统计，因为励志演讲随时发生，而且在不断进行。在上课时，一个出色的教师会进行多少次励志演讲（鼓舞学生的讲话）？很难统计，因为励志演讲随时发生，而且在不断进行。

◆ 一个教练如何发挥所有球员的最大能力？通过让球员相信他们能成功，并帮助球员不断进步。一个出色的教师如何发挥所有学生的最大能力？通过让学生相信他们能成功，并帮助学生不断进步。

像出色的教练一样教学，你就会成为一名更出色的教师！

方法67：
给学生发放课堂反馈条

做什么

如果你想立刻收到一些有用的反馈（本节课的目标完成得怎样，学生是否喜欢课堂活动，他们对某个概念理解得如何），或者你想收到学生对课堂教学的一般反馈信息，那就给学生发放课堂反馈条。这样做，你的教学水平提高的可能性将是无限的。

如何做，为什么这么做

课堂反馈条不用花任何费用，快速便捷，充满乐趣，信息量大，它们能使你非正式地评估学生对所学知识的理解能力、他们的感受和/或他们的思考。

你可以有选择地将以下的几个问题和陈述用在课堂反馈条里。

- 写出两个你今天学到的知识。

- 有一件事情我仍然不清楚___________。
- (4×4)+5 和4×(4+5)的答案是一样的吗？请解释一下。
- 今天的课堂活动你最喜欢哪个？为什么？
- 今天的课堂活动你最不喜欢哪个？为什么？
- 分别举出两个物理变化和化学变化的例子。
- 在下面这个句子里正确地使用“他们的”“他们”“那里”这三个词：_________正走向停在_________的车，这辆车是_________。
- 考虑下面的气候条件（列出条件），在跟踪地图上，预测飓风的路径。

在网上快速浏览一下术语“学生课堂反馈条”，你会得到无数的课堂反馈条的样例。有很多可以下载的，甚至可以编辑的课堂反馈条，你可以根据学生的年龄和科目进行编辑。你今天从课堂反馈条上获得的信息，会有助于你成为明天的优秀教师！

方法 68：控制你的肢体语言

做什么

肢体语言的科学性是不可否认的，你如何展示自己，会对别人如何看待你产生重要影响，也会影响你如何看待自己。你控制肢体语言的能力对你的课堂教学是否成功至关重要。我们给你展示一些简单的方法，让你在每天的教学中都显得自信、热情和专业——所有这些都是通过控制你的肢体语言实现的。

如何做，为什么这么做

控制你肢体语言的第一步是**意识**到你的肢体语言。当你有下列情况时，开始注意你的肢体发生了什么：当你感到幸福时（微笑），悲伤时（肢体姿势下垂，面部肌肉塌陷），激动时（睁大眼睛），厌烦时（懒散，眼睛闭上，想睡觉），愤怒时（咬牙，呼吸急促，脸通红）等。尽管我们不会用同样的肢体语言表达同样的感情，但是我们的肢体动作向旁观者准确地表达了我们的内心感受。了解自己在课堂上的肢体语言最简单的方法之一是，观看自己上课的视频。

当面对学生时，遵循**肢体语言的几个简单的行为准则**如下：

◆ 与学生讲话时，**要**进行眼神接触，但是**不要**用我们都知道的“老师的眼神”，这对学生来说是恐吓。

◆ **要**控制你说话的声音，要平和，尤其是在不高兴时，说话要冷静。**不要**对学生大喊大叫，似乎在告诉学生你失去了控制。

◆ **要**向学生表现出，你相信你所教的内容，爱你所教的内容，**不要**显得疲倦、厌烦或漠不关心。

◆ **不要**瞪眼，**不要**用你的手掌拍你的脑门。

◆ **不要**耸肩，**要**多微笑，看起来很幸福、很自信。坐着时，不要显得懒散，要笔直。

◆ 当谴责学生时，**要**表现得很严肃，但是又很沉着、富有同情心。**不要**表现得愤怒，愤怒就像是在针对学生，而不是他的行为。

◆ **要**经常在教室四处走动，对学生做的事情要表现出极大的兴趣，并随时提供帮助。

最后，**要**记住：学校里最优秀的教师总是展示出自己最积极向上的肢体语言！

方法 69：
确认问题的原因 *

做什么

你是否曾经观察过一个行为不良的学生，然后问自己：“这是由于我的原因吗？”我们都知道，有些学生在不同老师上课时会表现出不同的行为。我们也知道，课堂上有两种类型的问题——一种是与学生有关的问题，一种是与教学有关的问题。今天，我们将学习某个问题到底是与学生有关的问题，还是与教学有关的问题。

如何做，为什么这么做

在你有效地处理某个问题之前，重要的是要能够诊断出产生问题的原因。在你继续阅读之前，我们想让你知道，如果你确定问题与教师有关，那这是个**好**消息。如果因为你做了什么或者没有做什么而导致学生行为不良，这也是个好消息。因为惩罚**你**很容易，惩罚别人就没那么容易了。

以下是一个确定问题根源的最简单方法。请记住，除非下面的事情都正常发生，否则你不能假设哪个问题与学生有关。(1)程序很清晰；(2)组织很清晰；(3)与学生的关系很清晰；(4)老师显得很热心；(5)学生没有无所事事的“停工时间”；(6)教师保证所有学生都成功；(7)课堂设计很好，与学生的生活有关，让学生参与；(8)老师尊重每个学生；(9)老师不允许学生惹他/她发火。

如果你对以上清单的回答均为“是”，那么这个问题就是与学生有关。如果不能——即使九个问题中有一个问题漏掉，或者回答“不是”，那么，你需要在那个方面再研究一下，然后才能确定问题是否与学生有关。如果你确定某个问题与教师有关，那就要做一些简单的调整。如果与学生有关，那就要跟学生好好谈谈。

在一个管理良好的课堂上，老师与学生的关系和谐，老师努力确保所有学生都参与课堂活动并获得成功，学生行为不良的问题相应就会减少，并且这些问题通常都是由学生引起的。

*此部分改编自布鲁肖和威特克尔的著作《改善学生课堂表现的50个方法》。

方法 70：
每天给学生的父母写一张便条

做什么

我们要事先说明一下，刚一看到这个题目，你可能会想：这需要花费额外的时间。但是说实话，你又没有时间。我们要向你展示一下，如何不花费额外时间给学生的父母或者监护人写一张表扬学生的便条，并且是按照每天每个班级一个学生的速度进行。你在下文将看到，如何在课堂上用三十秒钟写完这张便条。如果你的班级有三十个学生，你每天写一张便条，那么，每个父母每六周左右就会收到你的一张便条。

如何做，为什么这么做

你要做的第一件事情是，打印出很多通用的便条，只有空白处需要填写。以下就是一个样例。

亲爱的__________（学生父母或者监护人）：

对__________（学生）我感到非常自豪，因为__________（你自豪的原因），我知道你也会为此感到自豪。

__________（你的手写签名）

比如说，上课开始了，你注意到艾伦·汤普森在忙着做功课。没有你的鼓励，艾伦经常注意力不集中，或者不会忙着做功课。当你在教室里四处走动帮助学生时，拿出一张你已经准备好的便条，在上面写道："亲爱的汤普森夫人，对艾伦我感到非常自豪，因为她今天学习特别努力，我知道你也会为此感到自豪。"然后签上你的名字。现在，马上把这张纸条交给艾伦，竖起大拇指，微笑着说："把这个交给你妈妈。"

实际上，每天给一个学生的父母写一张表扬学生的便条，并没有花费你额外的时间或精力。不要把这张便条放在信封里封上，让学生看见便条的内容。这种类型的信息几乎总会传到家长的手里，并且常常被贴在家里的冰箱上！

把空白便条放在桌子上某个容易看得见的地方，在每天开始时，你也可以放在口袋里几张。如果你已经在教室里，你不用"找时间"专门做这件事。你可以在教室里四处走动，或者帮助学生，或者监督他们时写出几张便条。再说一遍，不需要花费额外时间。而这样做的效果简直令人惊奇，每天给学生父母写便条的老师比没有这么做的老师与学生父母（学生）的关系要好很多。你想要学生父母支持你，站在你这边吗？给他们传去表扬学生的便条！

方法71：
别让学生无事可做

做什么

大多数老师会对学生说（或者类似的话）：“好了，我们完成了这节课的任务，离下课铃声还有一分半，如果你们保持安静，我就不给你们安排什么事情了。”这么做，我们就犯了一个错误。因为，毫无例外，班级开始混乱，而我们则感到困惑，并埋怨学生“根本不听话”，或者埋怨他们“根本不感谢我给他们提供休息的机会”，或者说“现在的孩子就会利用大人的好心”。

而事实的真相是：孩子就是孩子。无论什么时候，你只要给学生哪怕几秒钟的自由时间，他们也会找点事做——这些事情几乎都不是你想要他们做的！这给我们的启发是：让学生上课时自始至终都不能闲着！

如何做，为什么这么做

优秀教师对每天上课的每一分钟都有计划，针对意外情况，他们都有应急方案，并似乎准备好随时能应对任何问题。但是，他们最大的秘密是，他们有“假设”（如果……怎么办）计划：如果实际上课时间没有设计那么长，怎么办？如果室外活动时间结束得早，回到教室还有时间，怎么办？如果完成某个活动的时间比计划早，怎么办？如果老师在教学活动上的时间实现了最大化，并且准备好了应对各种“如果……怎么办”的情况，那么就能保证学生没有“停工时间”，即无事可干的时间。

当设计好教学时间并使其利用率达到最大化时，学生就会一直参与学习活动，成绩就会提高，行为就会改善，因为他们没有时间去做其他事。他们忙于学习并从中获得乐趣！

每天我们与学生在一起的时间是有限的，我们的任务就是在有限的时间内获得最大的收获。完成这个任务的最好的办法是：规划好各种“如果……怎么办”，并且让学生每天上课时自始至终都不能闲着。

方法 72：
改变现状

做什么

当学生跨进教室门槛时，是不是还是老样子？

如果还是老样子，我们肯定，他们的大脑不久就会生锈。

所以，用一种你能控制的方式，改变现状。

那么，你就会发现，学生的大脑会比从前活跃十倍。

在这个方法中我们将向你展示一下，如何在课堂上增添一些激动人心的时刻。

如何做，为什么这么做

如果你一直都按照惯例上课，那么，你的日常教学风格是可以预测的，而且肯定是令人厌烦的（即使你自己也会厌烦）。所以，你到了改变现状的时候了。我们都知道，厌学的学生要么上课不听讲、睡觉，要么给老师找麻烦。但是，有些老师害怕改变现状，因为担心会失去对课堂的控制。实际上，这两件事没有联系。你失去对课堂控制是由于下列两个原因之一：（1）你的课堂设计太差；（2）你的课无趣。如果你设计的课堂活动生动有趣、出乎意料，能够激励学生、鼓舞学生，能够激发他们的好奇心和幻想，那么，你根本就不用担心会失去对课堂的控制。

所以，做一些不可预测的事情。比如到室外上课；改变座位排序，让学生围成一圈，你站在中间讲课；让学生穿得像某个他们喜欢的人物或者某个著名人物（他们正在学习的书上人物），你也穿上戏装；玩一个学习游戏（详见本书第59个方法）；让学生讲某个概念；让学生相互教（当然是在你的指导下）。改变现状不需要费太多劲，只需要改变思维模式。

在你教的内容里加一点“香料”或者一些激动人心的活动，你的课就会变得创新、有趣、诱人！改变一点现状并不会付出太多代价。但是，学生厌学所付出的代价就**太大了**——他们付出了永远无法挽回的宝贵时间！

你可以立刻将你的教室变成一个充满乐趣的地方，一个激发学生好奇心、让学生激动、鼓舞学生的地方，一个每天学生都迫不及待想来的地方，因为他们永远不知道教室里会发生什么奇迹，但是又特别想知道。

方法 73：
感谢学生来上你的课

做什么

今天的练习可能再简单不过了，只需要感谢学生来上你的课。字面意思——对你的客户，即你的学生表达一点感激之情。毕竟，他们是你拥有这个工作的唯一原因。

如何做，为什么这么做

今天，上课之前，告诉学生你有几句话要对他们说，最多花一分钟时间。

以下是一份感激样例。

我想用一分钟时间来感谢你们今年来上我的课。你们每个人都将自己独特的优点和优秀的品质带到了这个班上，哪怕缺一个学生，我们的班级也不可能像现在这么优秀。因为你们，我才拥有这个工作；因为你们，我每天才能来到学校，你们让我的工作充满欢乐。我说的可能不全面，但重点是，我想让你们知道，我特别感谢你们每个人。

就这样一个简单的感谢声明，在很长时间里都会塑造学生每天的行为。当学生感到被赏识，他们就会努力学习，这是人类的本性。

优秀教师总是这样做，因为他们意识到，学生需要感到被赏识，所以他们愿意花时间去口头感谢学生。

你可能会想："他们没有选择！他们来我的班级上课，是由于他们的分数所致，或者由于我教的课程所致。"**你**清楚，但是**他们**不一定清楚。假装他们是你亲自挑选的，并每天都感谢他们让你做他们的老师。表达感谢没有任何坏处，感恩会影响态度，这是众所周知的事实！

方法 74：
每天想方设法把每一个学生的名字都叫一遍

做什么

每天都叫学生的名字，这个简单行为的含义是，给学生传递一个明确的信息：你注意他们，你关心他们，他们对你来说很重要，他们很特别。所以，非常重要的是，每天都叫学生的名字，至少每天一个学生一次。

如何做，为什么这么做

这么做的背后，实际上是有科学根据的：人们（不只是学生）都喜欢听到自己的名字。他们喜欢写自己的名字，喜欢看见自己的名字，喜欢购买上面写着自己名字的物品。每当他们看见有自己名字的标志时，就特别兴奋。他们喜欢与自己重名的人见面，他们把自己名字的首写字母写在汽车牌照上、手机套上、珠宝上、衣服上，或者任何你能够想象到的物品上。

每天至少叫一次学生的名字，养成习惯，这很重要。但是如果能多叫几次，则更好。每次你跟学生讲话时，一定要叫他们的名字。在繁忙的教室里，很多学生进进出出，你很容易忘记这样做，因此，你要有意识地多叫学生的名字。例如，纳特举起手，你以前可能说：“你需要什么？”或者，“你有什么问题？”从现在开始，你要说：“纳特，你有什么问题？”另一个例子是，学生说出了正确答案，或者某件事做得非常好。你一般会说：“做得好！”从现在开始，你要说：“特拉维斯，做得好！”叫学生名字，会让学生感到他们很重要。叫学生名字次数越多，他们感到自己越重要。

但是，如果进出你教室的学生达到120人，你该怎么办？你如何能记得每天至少叫每个学生一次名字？现在教你一个快速、简单、安全的方法：每天至少不假思考地叫每个学生名字两次。在本书方法9中，我们讨论了学生每天来时向他们问好、当他们走时向他们说再见的重要性。从现在开始，当塔玛拉进入教室时，你说：“你好，塔玛拉。”当她离开时，你说：“再见，塔玛拉。”对所有学生都这样做。那么，每天每个学生就能至少被叫到两次！但是，一定要记住，每次与塔玛拉讲话时，都叫她的名字，向她表明她很重要。

方法 75：像你喜欢的老师一样教学

做什么

我们把这个方法放在最后是有原因的，这个方法可能最容易做，但也会对你的教学产生最积极的影响。你唯一需要做的事情是，找出一位你喜欢的老师，然后像你喜欢的老师那样教学。

如何做，为什么这么做

我们都有一位这样的老师：与其他老师相比，他/她更深远地影响了我们的生活。找到这位老师，然后想想你上他/她的课的情景。

当要求列出**所喜欢的老师的素质清单**时，大多数老师都会列出以下非常类似的清单：

- 积极向上。
- 友好。

- 乐于助人。
- 让我感到自己很特别。
- 让学习充满乐趣。
- 不让我难堪。
- 鼓舞我的斗志。
- 教我相信自己。
- 热爱教学。
- 热爱学生。

你能在这个清单上增加更多的内容，但是，我们提到的这些素质几乎出现在每个人的清单上。是呀，哪个学生不喜欢友好、让学习充满乐趣、鼓舞学生斗志、热爱学生的老师呢？所有的老师都希望自己被学生记住，并成为学生**喜欢的老师**，这是作为一个老师最大的欣慰。所以，当上课时不确定如何处理某个学生或者某种情况时，只管模仿你喜欢的老师的做法。你认为你喜欢的老师会如何处理，你就如何处理，就这么简单，而且实践证明，这种做法是非常安全有效的。

如果要求你的学生列出你的素质清单，他们会列出以上相同的清单吗？如果没有列出，现在努力还不晚。看一下本书方法58，明天就重塑自己。

结　语

我们希望，你像我们喜欢写这部书一样喜欢阅读这部书。我们也希望，你能在这部书的字里行间找到一些方法，帮助你以最小的压力使每天的课堂教学更生动有趣、更富有成效。考虑你必须遵守繁忙的日程表，我们尽了最大努力使每个方法都简单、明了。

尊敬的各位老师，谢谢你，谢谢你认真地阅读这部书。我们对你表示深深的敬意，并表达我们的钦佩之情!

“常青藤”书系—中青文教师用书总目录

书名	书号	定价
特别推荐——从优秀到卓越系列		
★ 从优秀教师到卓越教师：极具影响力的日常教学策略	9787515312378	33.80
★ 从优秀教学到卓越教学：让学生专注学习的最实用教学指南	9787515324227	39.90
★ 从优秀学校到卓越学校：他们的校长在哪些方面做得更好	9787515325637	59.90
★ 卓越课堂管理（中国教育新闻网2015年度“影响教师的100本书”）	9787515331362	88.00
名师新经典/教育名著		
最难的问题不在考试中：先别教答案，带学生自己找到想问的事	9787515365930	48.00
在芬兰中小学课堂观摩研修的365日	9787515363608	49.00
★ 马文·柯林斯的教育之道：通往卓越教育的路径（《中国教育报》2019年度“教师喜爱的100本书”，中国教育新闻网“影响教师的100本书”。朱永新作序，李希贵力荐）	9787515355122	49.80
★ 如何当好一名学校中层：快速提升中层能力、成就优秀学校的31个高效策略	9787515346519	49.00
★ 像冠军一样教学：引领学生走向卓越的62个教学诀窍	9787515343488	49.00
像冠军一样教学 2：引领教师掌握62个教学诀窍的实操手册与教学资源	9787515352022	68.00
★ 如何成为高效能教师	9787515301747	89.00
★ 给教师的101条建议（第三版）（《中国教育报》“最佳图书”奖）	9787515342665	33.00
★ 改善学生课堂表现的50个方法（入选《中国教育报》“影响教师的100本书”）	9787500693536	33.00
改善学生课堂表现的50个方法操作指南：小技巧获得大改变	9787515334783	29.00
美国中小学世界历史读本 / 世界地理读本 / 艺术史读本	9787515317397等	106.00
美国语文读本1-6	9787515314624等	252.70
和优秀教师一起读苏霍姆林斯基	9787500698401	27.00
快速破解60个日常教学难题	9787515339320	39.90
★ 美国最好的中学是怎样的——让孩子成为学习高手的乐园	9787515344713	28.00
建立以学习共同体为导向的师生关系：让教育的复杂问题变得简单	9787515353449	33.80
教师成长/专业素养		
让每个孩子都发光：赋能学生成长、促进教师发展的KIPP学校教育模式	9787515366852	59.00
60秒教师专业发展指南：给教师的239个持续成长建议	9787515366739	59.90
通过积极的师生关系提升学生成绩：给教师的行动清单	9787515356877	49.00
卓越教师工具包：帮你顺利度过从教的前5年	9787515361345	49.00
★ 可见的学习与深度学习：最大化学生的技能、意志力和兴奋感	9787515361116	45.00
学生教给我的17件重要的事：带给你爱、勇气、坚持与创意的人生课堂	9787515361208	39.80
★ 教师如何持续学习与精进	9787515361109	39.00
从实习教师到优秀教师	9787515358673	39.90
像领袖一样教学：改变学生命运，使学生变得更好（中国教育新闻网2015年度“影响教师的100本书”）	9787515355375	49.00
★ 你的第一年：新教师如何生存和发展	9787515351599	33.80
教师精力管理：让教师高效教学，学生自主学习	9787515349169	28.00
如何使学生成为优秀的思考者和学习者：哈佛大学教育学院课堂思考解决方案	9787515348155	49.90
反思性教学：一个已被证明能让教师做到更好的培训项目（30周年纪念版）	9787515347837	59.90
★ 凭什么让学生服你：极具影响力的日常教育策略（中国教育新闻网2017年度“影响教师的100本书”）	9787515347554	28.00
运用积极心理学提高学生成绩（中国教育新闻网2017年度“影响教师的100本书”）	9787515345680	39.80
可见的学习与思维教学：成长型思维教学的54个教学资源：教学资源版	9787515354743	36.00
★ 可见的学习与思维教学：让教学对学生可见，让学习对教师可见（中国教育报2017年度“教师最喜爱的100本书”）	9787515345000	39.90
教学是一段旅程：成长为卓越教师你一定要知道的事	9787515344478	39.00

书名	书号	定价
安奈特·布鲁肖写给教师的101首诗	9787515340982	35.00
万人迷老师养成宝典学习指南	9787515340784	28.00
中小学教师职业道德培训手册：师德的定义、养成与评估	9787515340777	32.00
成为顶尖教师的10项修炼（中国教育新闻网2015年度“影响教师的100本书”）	9787515334066	35.00
T. E. T. 教师效能训练：一个已被证明能让所有年龄学生做到最好的培训项目（30周年纪念版）（中国教育新闻网2015年度“影响教师的100本书”）	9787515332284	49.00
教学需要打破常规：全世界最受欢迎的创意教学法（中国教育新闻网2015年度“影响教师的100本书”）	9787515331591	45.00
给幼儿教师的100个创意：幼儿园班级设计与管理	9787515330310	39.90
给小学教师的100个创意：发展思维能力	9787515327402	29.00
给中学教师的100个创意： 如何激发学生的天赋和特长 / 杰出的教学 / 快速改善学生课堂表现	9787515330723等	87.90
以学生为中心的翻转教学11法	9787515328386	29.00
如何使教师保持职业激情	9787515305868	29.00
★ 如何培训高效能教师：来自全美权威教师培训项目的建议	9787515324685	39.90
良好教学效果的12试金石：每天都需要专注的事情清单	9787515326283	29.90
★ 让每个学生主动参与学习的37个技巧	9787515320526	45.00
给教师的40堂培训课：教师学习与发展的最佳实操手册	9787515352787	39.90
提高学生学习效率的9种教学方法	9787515310954	27.80
★ 优秀教师的课堂艺术：唤醒快乐积极的教学技能手册	9787515342719	26.00
★ 万人迷老师养成宝典（第2版）（入选《中国教育报》“2010年影响教师的100本书”）	9787515342702	39.00
高效能教师的9个习惯	9787500699316	26.00
课堂教学/课堂管理		
让教师变得更好的75个方法：用更少的压力获得更快的成功	9787515365831	49.00
技术如何改变教学：使用课堂技术创造令人兴奋的学习体验，并让学生对学习记忆深刻	9787515366661	49.00
课堂上的问题形成技术：老师怎样做，学生才会提出好的问题	9787515366401	45.00
翻转课堂与项目式学习	9787515365817	45.00
★ 优秀教师一定要知道的19件事：回答教师核心素养问题，解读为什么要向优秀者看齐	9787515366630	39.00
从作业设计开始的30个创意教学法：运用互动反馈循环实现深度学习	9787515366364	59.00
基于课堂中精准理解的教学设计	9787515365909	49.00
如何创建培养自主学习者的课堂管理系统	9787515365879	49.00
如何提高课堂创意与参与度：每个教师都可以使用的178个教学工具	9787515365763	49.90
如何激活学生思维：激励学生学习与思考的187个教学工具	9787515365770	49.90
男孩不难教：男孩学业、态度、行为问题的新解决方案	9787515364827	49.00
★ 高度参与的线上线下融合式教学设计：极具影响力的备课、上课、练习、评价项目教学法	9787515364438	49.00
★ 跨学科项目式教学：通过“+1”教学法进行计划、管理和评估	9787515361086	49.00
课堂上最重要的56件事	9787515360775	35.00
★ 全脑教学与游戏教学法	9787515360690	39.00
★ 深度教学：运用苏格拉底式提问法有效开展备课设计和课堂教学	9787515360591	49.90
★ 一看就会的课堂设计：三个步骤快速构建完整的课堂管理体系	9787515360584	39.90
如何有效激发学生学习兴趣	9787515360577	38.00
如何解决课堂上最关键的9个问题	9787515360195	49.00
多元智能教学法：挖掘每一个学生的最大潜能	9787515359885	39.90
★ 探究式教学：让学生学会思考的四个步骤	9787515359496	39.00
课堂提问的技术与艺术	9787515358925	49.00
如何在课堂上实现卓越的教与学	9787515358321	49.00
基于学习风格的差异化教学	9787515358437	39.90

	书名	书号	定价
★	如何在课堂上提问：好问题胜过好答案	9787515358253	39.00
★	高度参与的课堂：提高学生专注力的沉浸式教学	9787515357522	39.90
	让学习变得有趣	9787515357782	39.00
★	如何利用学校网络进行项目式学习和个性化学习	9787515357591	39.90
	基于问题导向的互动式、启发式与探究式课堂教学法	9787515356792	49.00
	如何在课堂中使用讨论：引导学生讨论式学习的60种课堂活动	9787515357027	38.00
	如何在课堂中使用差异化教学	9787515357010	39.90
★	如何在课堂中培养成长型思维	9787515356754	39.90
	每一位教师都是领导者：重新定义教学领导力	9787515356518	39.90
★	教室里的1-2-3魔法教学：美国广泛使用的从学前到八年级的有效课堂纪律管理	9787515355986	39.90
	如何在课堂中使用布卢姆教育目标分类法	9787515355658	39.00
	如何在课堂上使用学习评估	9787515355597	39.00
	7天建立行之有效的课堂管理系统：以学生为中心的分层式正面管教	9787515355269	29.90
	积极课堂：如何更好地解决课堂纪律与学生的冲突	9787515354590	38.00
	设计智慧课堂：培养学生一生受用的学习习惯与思维方式	9787515352770	39.00
	追求学习结果的88个经典教学设计：轻松打造学生积极参与的互动课堂	9787515353524	39.00
	从备课开始的100个课堂活动设计：创造积极课堂环境和学习乐趣的教师工具包	9787515353432	33.80
	老师怎么教，学生才能记得住	9787515353067	48.00
	多维互动式课堂管理：50个行之有效的方法助你事半功倍	9787515353395	39.80
	智能课堂设计清单：帮助教师建立一套规范程序和做事方法	9787515352985	49.90
	提升学生小组合作学习的56个策略：让学生变得专注、自信、会学习	9787515352954	29.90
	快速处理学生行为问题的52个方法：让学生变得自律、专注、爱学习	9787515352428	39.00
	王牌教学法：罗恩·克拉克学校的创意课堂	9787515352145	39.80
	让学生快速融入课堂的88个趣味游戏：让上课变得新颖、紧凑、有成效	9787515351889	39.00
★	如何调动与激励学生：唤醒每个内在学习者（李希贵校长推荐全校教师研读）	9787515350448	39.80
	合作学习技能35课：培养学生的协作能力和未来竞争力	9787515340524	59.00
	基于课程标准的STEM教学设计：有趣有料有效的STEM跨学科培养教学方案	9787515349879	68.00
	如何设计教学细节：好课堂是设计出来的	9787515349152	39.00
	15秒课堂管理法：让上课变得有料、有趣、有秩序	9787515348490	49.00
	混合式教学：技术工具辅助教学实操手册	9787515347073	39.80
	从备课开始的50个创意教学法	9787515346618	39.00
	中学生实现成绩突破的40个引导方法	9787515345192	33.00
	给小学教师的100个简单的科学实验创意	9787515342481	39.00
	老师如何提问，学生才会思考	9787515341217	49.00
	教师如何提高学生小组合作学习效率	9787515340340	39.00
	卓越教师的200条教学策略	9787515340401	49.90
	中小学生执行力训练手册：教出高效、专注、有自信的学生	9787515335384	49.90
	从课堂开始的创客教育：培养每一位学生的创造能力	9787515342047	33.00
	提高学生学习专注力的8个方法：打造深度学习课堂	9787515333557	35.00
	改善学生学习态度的58个建议	9787515324067	36.00
★	全脑教学（中国教育新闻网2015年度“影响教师的100本书”）	9787515323169	38.00
★	全脑教学与成长型思维教学：提高学生学习力的92个课堂游戏	9787515349466	39.00
★	哈佛大学教育学院思维训练课：让学生学会思考的20个方法	9787515325101	59.90
	完美结束一堂课的35个好创意	9787515325163	28.00
	如何更好地教学：优秀教师一定要知道的事	9787515324609	36.00
	带着目的教与学	9787515323978	39.90

书名	书号	定价
美国中小学生社会技能课程与活动（学前阶段/1-3年级/4-6年级/7-12年级）	9787515322537等	153.80
彻底走出教学误区：开启轻松智能课堂管理的45个方法	9787515322285	28.00
破解问题学生的行为密码：如何教好焦虑、逆反、孤僻、暴躁、早熟的学生	9787515322292	36.00
13个教学难题解决手册	9787515320502	28.00
让学生爱上学习的165个课堂游戏	9787515319032	39.00
美国学生游戏与素质训练手册：培养孩子合作、自尊、沟通、情商的103种教育游戏	9787515325156	49.00
老师怎么说，学生才会听	9787515312057	39.00
快乐教学：如何让学生积极与你互动（入选《中国教育报》"影响教师的100本书"）	9787500696087	29.00
老师怎么教，学生才会提问	9787515317410	29.00
快速改善课堂纪律的75个方法	9787515313665	28.00
教学可以很简单：高效能教师轻松教学7法	9787515314457	39.00
好老师可以避免的20个课堂错误（入选《中国教育报》"影响教师的100本图书"）	9787500688785	39.90
好老师应对课堂挑战的25个方法（《给教师的101条建议》作者新书）	9787500699378	25.00
好老师激励后进生的21个课堂技巧	9787515311838	39.80
开始和结束一堂课的50个好创意	9787515312071	29.80
好老师因材施教的12个方法（美国著名教师伊莉莎白"好老师"三部曲）	9787500694847	22.00
如何打造高效能课堂	9787500680666	29.00
合理有据的教师评价：课堂评估衡量学生进步	9787515330815	29.00
班主任工作/德育		
北京四中8班的教育奇迹	9787515321608	36.00
师德教育培训手册	9787515326627	29.80
中小学教师职业道德培训手册：师德的定义、养成与评估	9787515340777	32.00
好老师征服后进生的14堂课（美国著名教师伊莉莎白"好老师"三部曲）	9787500693819	39.90
优秀班主任的50条建议：师德教育感动读本（《中国教育报》专题推荐）	9787515305752	23.00
学校管理/校长领导力		
卓越课堂的50个关键问题	9787515366678	39.00
如何培育卓越教师：给学校管理者的行动清单	9787515357034	39.00
学校管理最重要的48件事	9787515361055	39.80
重新设计学习和教学空间：设计利于活动、游戏、学习、创造的学习环境	9787515360447	49.90
重新设计一所好学校：简单、合理、多样化地解构和重塑现有学习空间和学校环境	9787515356129	49.00
让樱花绽放英华	9787515355603	79.00
学校管理者平衡时间和精力的21个方法	9787515349886	29.90
校长引导中层和教师思考的50个问题	9787515349176	29.00
如何定义、评估和改变学校文化	9787515340371	29.80
优秀校长一定要做的18件事（入选《中国教育报》"2009年影响教师的100本书"）	9787515342733	39.90
学科教学/教科研		
中学古文观止50讲：文言文阅读能力提升之道	9787515366555	59.90
完美英语备课法：用更短时间和更少材料让学生高度参与的100个课堂游戏	9787515366524	49.00
人大附中整本书阅读取胜之道：让阅读与作文双赢	9787515364636	59.90
北京四中语文课：千古文章	9787515360973	59.00
北京四中语文课：亲近经典	9787515360980	59.00
从备课开始的56个英语创意教学：快速从小白老师到名师高手	9787515359878	49.90
美国学生写作技能训练	9787515355979	39.90
《道德经》妙解、导读与分享（诵读版）	9787515351407	49.00
京沪穗江浙名校名师联手教你：如何写好中考作文	9787515356570	49.90
京沪穗江浙名校名师联手授课：如何写好高考作文	9787515356686	49.80

	书名	书号	定价
★	人大附中中考作文取胜之道	9787515345567	39.80
★	人大附中高考作文取胜之道	9787515320694	49.90
★	人大附中学生这样学语文：走近经典名著	9787515328959	33.80
	四界语文（入选《中国教育报》2017年度“教师喜爱的100本书”）	9787515348483	49.00
	让小学一年级孩子爱上阅读的40个方法	9787515307589	39.90
	让学生爱上数学的48个游戏	9787515326207	26.00
	轻松100 课教会孩子阅读英文	9787515338781	88.00
	情商教育/心理咨询		
	9节课，教你读懂孩子：妙解亲子教育、青春期教育、隔代教育难题	9787515351056	39.80
★	学生版盖洛普优势识别器（独一无二的优势测量工具）	9787515350387	169.00
	与孩子好好说话（获“美国国家育儿出版物（NAPPA）金奖”）	9787515350370	39.80
	中小学心理教师的10项修炼	9787515309347	36.00
★	别和青春期的孩子较劲（增订版）（入选《中国教育报》“2009年影响教师的100本书”）	9787515343075	28.00
★	100条让孩子胜出的社交规则	9787515327648	28.00
	守护孩子安全一定要知道的17个方法	9787515326405	32.00
	幼儿园/学前教育		
	中挪学前教育合作式学习：经验·对话·反思	9787515364858	79.00
	幼小衔接听读能力课	9787515364643	33.00
	用蒙台梭利教育法开启0～6岁男孩潜能	9787515361222	45.00
	德国幼儿的自我表达课：不是孩子爱闹情绪，是她/他想说却不会说！	9787515359458	59.00
	德国幼儿教育成功的秘密： 近距离体验德国学前教育理念与幼儿园日常活动安排	9787515359465	49.80
	美国儿童自然拼读启蒙课：至关重要的早期阅读训练系统	9787515351933	49.80
	幼儿园30个大主题活动精选：让工作更轻松的整合技巧	9787515339627	39.80
★	美国幼儿教育活动大百科：3-6岁儿童学习与发展指南用书 科学／艺术／健康与语言／社会	9787515324265等	600.00
	蒙台梭利早期教育法：3-6岁儿童发展指南（理论版）	9787515322544	29.80
	蒙台梭利儿童教育手册：3-6岁儿童发展指南（实践版）	9787515307664	33.00
★	自由地学习：华德福的幼儿园教育	9787515328300	29.90
	赞美你：奥巴马给女儿的信	9787515303222	19.90
	史上最接地气的幼儿书单	9787515329185	39.80
	教育主张/教育视野		
	教育新思维：帮助孩子达成目标的实战教学法	9787515365848	49.00
	学习是如何发生的：教育心理学中的开创性研究及其实践意义	9787515366531	59.90
	父母不应该错过的犹太人育儿法	9787515365688	59.00
	如何在线教学：教师在智能教育新形态下的生存与发展	9787515365855	49.00
	正向养育：黑幼龙的慢养哲学	9787515365671	39.90
	颠覆教育的人：蒙台梭利传	9787515365572	59.90
	学习的科学：每位教师都应知道的77项教育研究成果	9787515364094	59.00
	真实性学习：如何设计体验式、情境式、主动式的学习课堂	9787515363769	49.00
	哈佛前1%的秘密（俞敏洪、成甲、姚梅林、张梅玲推荐）	9787515363349	59.90
	基于七个习惯的自我领导力教育设计：让学校育人更有道，让学生自育更有根	9787515362809	69.00
	终身学习：让学生在未来拥有不可替代的决胜力	9787515360560	49.90
	颠覆性思维：为什么我们的阅读方式很重要	9787515360393	39.90
	如何教学生阅读与思考：每位教师都需要的阅读训练手册	9787515359472	39.00
	“互联网+”时代，如何做一名成长型教师	9787515340302	29.90

书名	书号	定价
教出阅读力	9787515352800	39.90
为学生赋能：当学生自己掌控学习时，会发生什么	9787515352848	33.00
如何用设计思维创意教学：风靡全球的创造力培养方法	9787515352367	39.80
如何发现孩子：实践蒙台梭利解放天性的趣味游戏	9787515325750	32.00
如何学习：用更短的时间达到更佳效果和更好成绩	9787515349084	49.00
教师和家长共同培养卓越学生的10个策略	9787515331355	27.00
如何阅读：一个已被证实的低投入高回报的学习方法	9787515346847	39.00
芬兰教育全球第一的秘密（钻石版）（《中国教育报》等主流媒体专题推荐）	9787515359922	59.00
世界最好的教育给父母和教师的45堂必修课（《芬兰教育全球第一的秘密》2）	9787515342696	28.00
杰出青少年的7个习惯（精英版）	9787515342672	39.00
杰出青少年的7个习惯（成长版）	9787515335155	29.00
杰出青少年的6个决定（领袖版）（全国优秀出版物奖）	9787515342658	49.90
7个习惯教出优秀学生（第2版）（全球畅销书《高效能人士的七个习惯》教师版）	9787515342573	39.90
学习的科学：如何学习得更好更快（入选中国教育网2016年度“影响教师的100本书”）	9787515341767	39.80
杰出青少年构建内心世界的5个坐标（中国青少年成长公开课）	9787515314952	59.00
跳出教育的盒子（第2版）（美国中小学教学经典畅销书）	9787515344676	35.00
夏烈教授给高中生的19场讲座	9787515318813	29.90
学习之道：美国公认经典学习书	9787515342641	39.00
翻转学习：如何更好地实践翻转课堂与慕课教学（中国教育新闻网2015年度“影响教师的100本书”）	9787515334837	32.00
翻转课堂与慕课教学：一场正在到来的教育变革	9787515328232	26.00
翻转课堂与混合式教学：互联网+时代，教育变革的最佳解决方案	9787515349022	29.80
翻转课堂与深度学习：人工智能时代，以学生为中心的智慧教学	9787515351582	29.80
奇迹学校：震撼美国教育界的教学传奇（中国教育新闻网2015年度“影响教师的100本书”）	9787515327044	36.00
学校是一段旅程：华德福教师1-8年级教学手记	9787515327945	49.00
高效能人士的七个习惯（30周年纪念版）（全球畅销书）	9787515360430	79.00